KB059258

레비-스트로스의
인류학 강의

≫

L'anthropologie face aux problèmes du monde moderne

© Éditions du Seuil, 2011
Collection LA LIBRAIRIE DU XXIᵉ SIÈCLE, sous la direction de Maurice Olender
All rights reserved

No part of this book may be used or reproduced in any manner whatever without
written permission, except in the case of brief quotations embodied in critical articles or
reviews.

Korean Translation Copyright © 2018 by Moonye Publishing
Published by arrangement with Éditions du Seuil,
through BC Agency, Seoul.

이 책의 한국어판 저작권은 BC 에이전시를 통한 저작권자와의
독점 계약으로 (주)문예출판사에 있습니다. 신 저작권법에 의해 한국 내에서
보호를 받는 저작물이므로 무단전재와 무단복제를 금합니다.

레비-스트로스의 인류학 강의

오늘날의 문제들에 답하는 인류학

클로드 레비-스트로스
류재화 옮김

문예출판사

이 책의 출간을 위해
친절과 배려로 함께 애써주신
모니크 레비-스트로스 여사님께
감사드리며

– M. O.

일러두기

1. 이 책의 장제목은 모두 레비-스트로스가 붙인 것이며
   중제목은 프랑스판 편집자가 붙인 것이다.

2. 옮긴이가 추가한 주는 [옮긴이]라고 밝혔다.

들어가며

클로드 레비-스트로스Claude Lévi-Strauss는 1986년 봄 일본에 네 번째로 방문하여 머무는 동안, 이 책에 실린 세 장을 썼다. 이시자카 재단의 초청으로 도쿄에서 열린 세 번에 걸친 강연의 내용이었다. 전체 내용을 고려하여, '현대 세계의 문제들에 직면한 인류학'[1]이라는 제목을 붙여보았다.

레비-스트로스는 이 책의 주제를 드러내기 위해 이미 쓴 것을 가져오기도 하고, 거기다 해설을 더 달기도 하고, 현재적 관점에서 첨언을 하기도 했다. 그를 유명하게 만들어준 이전 저작들을 언급하면서, 지금도 우리를 끊임없이 괴롭히는 우리 사회의 주요 현안들, 가령 '인종'과 역사, 문화의 관계에

---

1 [옮긴이] 이 책의 원제는 '현대 세계의 문제들에 직면한 인류학L' Anthropologie face aux problèmes du monde moderne'이다.

대한 논의를 이어갔다. 더 나아가 이 세계에 등장한 새로운 휴머니즘의 형태를 환기하면서 우리의 가능한 미래를 모색해보기도 했다.

클로드 레비-스트로스의 독자라면, 그의 저작에서 줄곧 제시된 문제들을 여기서 다시 만나게 될 것이다. 새로운 세대들은 이 저명한 인류학자가 미래에 대해 어떤 전망을 내놓았는지 알게 될 것이다. 새로운 '민주적 휴머니즘'으로서의 인류학의 중요성을 강조하면서, 클로드 레비-스트로스는 '서구 문화 패권의 종말'을 말한다. 또한 문화상대주의와 그 가치에 따른 도덕적 판단의 관계에 대해서도 묻는다. 경제적 현황, 인공수정, 과학적 사고와 신화적 사고의 관계 등 이제는 전 세계적 문제가 된 사회문제를 살피기도 한다.

클로드 레비-스트로스는 세 강연에서 특히나 21세기에 진입한 이 시점에 드러나고 있는 세계의 중차대한 문제들을 토론한다. 그것은 이를테면 다양한 형태의 '이념 폭발'과 그로 인한 '체제 유지주의 혹은 보수주의'[2]의 유착성에 관한 문제이다.

---

2 [옮긴이] 'Intégrisme(s)'은 20세기 초 모더니즘에 반대하는 가톨릭 세계에 퍼진 여론의 경향으로, 진보주의에 대항해 교리와 전통을 고집하는 기독교인의 태도이다. 본문에서는 그 의미를 살리기 위하여 '체제 유지주의 혹은 보수주의'로 풀어서 번역했다.

세계적으로 인정받는 클로드 레비-스토르스의 저작은 오늘날 미래에 대한 열린 사유의 실험실이다.

학생과 젊은 세대 들에게 이 책은 분명 레비-스토르스의 감각-지성 세계를 접할 수 있는 좋은 입문서가 될 것이다.

모리스 올랑데Maurice Olender

차례

○

첫 번째 강의

서구 문화
패권의 종말

이시자카 재단은 1977년부터 저명한 분들을 모시고 강연을 개최해왔습니다. 올해는 저를 초청해주셔서 대단히 영광스럽게 생각하며, 먼저 감사의 말씀을 전하고자 합니다. 아울러 '오늘날 인류가 직면한 근본적 문제들을 어떻게 고찰할 것인가?'라는 주제를 저에게 제안해주신 점도 깊이 감사드립니다. 인류학은 제가 평생을 바쳐 연구해온 학문입니다.

여러분에게 우선 인류학적 관점이 이런 문제들을 어떻게 표현하고 진술하는지, 특히 저의 관점에서 말씀드리면서 이 강연을 시작하고자 합니다. 이어서 인류학이란 무엇인지 정의하고, 인류학은 현대 세계의 문제들에 대해 어떤 시선을 던지는지 말씀드리겠습니다. 물론 인류학만이 그 문제를 해결할 수 있다고 주장하려는 것은 아닙니다. 다만 인류학이 다른 어떤 분야보다 이 문제를 잘 이해할 수 있을 것이라는 희망을 갖고서 말씀드리겠습니다.

타자로부터 배우다

약 2세기 전부터 서구 문명은 진보된 문명이라 정의되었습니다. 이 같은 이상을 받아들인 다른 문명권들도 서구 문명을 본보기로 여겨야 한다고 믿었습니다. 이 모든 문명권들은 과학과 기술이 인간에게 끊임없이 더 많은 힘과 행복을 가져다주며 발전해나갈 것이라는 신념을 같이했습니다. 18세기 말 프랑스와 미국에 나타난 사회조직 형태 및 정치제도에 영향을 준 철학이 있는데, 그 영향으로 각 사회의 모든 구성원들은 행동에 더 많은 자유를 가지는 동시에 공적인 업무의 행사에서 더 많은 책임을 지게 되었습니다. 또한 도덕적 판단, 미적 감수성, 한마디로 진선미에 대한 사랑이 하나의 저항할 수 없는 운동[1]으로 전파되었고, 이런 진선미에 대한

---

1 [옮긴이] 레비-스트로스가 명시하고 있지 않지만, 영국의 명예혁명에 이은 미국의 독립선언, 그리고 특히 18세기 프랑스 계몽주의 사상의 전파로 인한 유럽 세계의 거대한 정신적·정치적 변혁을 의미한다. 특히나 1789년 프랑스혁명으로 군주제를 타파하고 공화제라는 새로운 정치체제를 도입한 당시 프랑스의 분위기를 암시하고 있다. 예컨대 장-자크 루소는 1762년 《사회계약론》에서 군주에 예속된 신민이 아니라 주권자로서의 시민 개념을 주창하며 근대 사회과학의 새로운 길을 활짝 연 바 있다.

희구는 인간이 거주하는 모든 곳에 이르게 되었습니다.

그러나 현 세기에 일어난 사건들은 이런 낙관적인 전망을 어둡게 만들었습니다. 전체주의적인 이념이 세계 여러 지역에 확산되었고, 지금도 계속해서 퍼져나가고 있습니다. 수천만 명이 학살되었고 끔찍한 민족 말살이 자행되었습니다. 다시 평화가 오고 안정을 찾았지만, 과학과 기술이 이익만 가져다주는 것 같지는 않았고, 18세기에 탄생한 정치 및 사회 제도의 형태들이 인간이 처한 조건에서 일어난 커다란 문제들을 결정적으로 해결해줄 것 같지도 않았습니다.

과학과 기술 덕분에 물리학적·생물학적 세계에 대한 우리의 지식은 더욱 많아졌습니다. 한 세기 전만 해도 인간의 자연 지배력에 대해서는 추호의 의심도 없었습니다. 그러나 그것을 얻은 대가를 치러야 한다는 것을 알게 되었습니다. 자연 정복으로 해로운 결과가 생긴 건 아닌가 하는 생각도 하게 되었습니다. 인간이 자연을 이용하면서, 아니 이용하지 않아도 인간의 존재 자체가 어마어마한 파괴 수단이 되어 인간종의 생존을 위협하는 지경에 이르렀다고 말입니다. 공간, 공기, 물, 다양하고 풍부한 천연자원 같은 것들이 희박해지고 오염됨으로써 인간의 생존은 늘 잠재적으로, 아니 실질적으로 위협받고 있는 것입니다.

부분적으로는 의학의 발전 덕분에 인구가 끊임없이 증가

했습니다. 그렇지만 기아에 시달리는 인구도 세계 여기저기에 생겨났고, 이들에게는 기본적인 필수품마저 부족한 상황입니다. 생필품이 보장되는 지역에서는 불균형이 크게 드러나지 않습니다. 하지만 인구가 점점 더 늘어나면 일자리도 더 늘어나야 하므로 불가피하게 생산도 늘어납니다. 자의건 타의건 이렇게 우리는 생산 증대를 위해 끝없는 경주를 하고 있는 것입니다. 생산은 소비를 부르고, 소비는 다시 더 많은 생산을 요구합니다. 산업의 직간접적 필요에 따라 마치 열망하듯 인구는 점점 더 분할됩니다. 대도시일수록 이 분할은 가속화되고, 인위적이고 비인간적인 요소들도 더불어 생겨납니다. 아울러 민주주의의 기능이 더욱 절실해지고 사회보장제도도 더욱 필요해지면서, 더 공격적인 관료제가 만들어집니다. 그런데 관료제는 점차 사회구성체에 기생해 종국에는 사회구성체를 마비시킵니다. 이렇게 가다가는 근현대사회들이 걷잡을 수 없는 위험에 처하게 되는 건 아닌지 자문하게 됩니다.

한동안은 결코 중단될 수 없는 물질적·정신적 진보로 통했던 신념이 이제는 심각한 위기를 맞고 있는 것입니다. 서구식 문명은 스스로에게조차 더 이상 본보기가 되지 못하므로 다른 문명에게 따르라고 감히 제안하지 못하게 되었습니다. 우리는 인간에게 주어진 조건을 성찰하지만, 전통적 틀 안에 간혀 있고 더 이상 이 틀을 확대할 수도 없으며 그렇다고 다른 곳을 바라볼 수도 없게 되었습니다. 그렇다면 한동안 간혀 있던 제한적 수평선에서 벗어나, 우리의 경험과는 다른 훨씬 다양한 사회적 경험을 이 틀 안에 가져와 통합해볼 수는 없을까요? 서구식 문명이 새롭게 재생하거나 비약할 수 있을 만한 고유한 바탕이 이젠 없는데, 소박하고 겸허하며 사실 최근까지도 무시당하고 있는 서구 영향 밖에 있는 인간 혹은 개인에게 무엇을 가르친단 말입니까? 수십여 년 전부터 사상가, 학자, 실천가 들이 제기하는 문제가 바로 이것입니다. 또한 인류학이 제기하는 문제도 바로 이것입니다. 사실 현대 세계에 집중하는 여타의 사회과학들은 이에 대한 답을 내놓지 못하고 있습니다. 한동안 그늘 속에 있던 인류학이라는 학문이 이런 문제들에 대해 무언가 할 말이 있을 거라고 저는 생각합니다.

독특하고 이상한 것들

시대와 공간 안에서 예들을 찾다보면, 인간의 삶과 활동은 어떤 틀 안에서 나타납니다. 공통적 성격을 제공하는 틀이지요. 언제 어디에서든 인간은 분절된 언어를 사용하는 존재입니다. 인간은 사회 속에서 삽니다. 종의 번식은 방종하게 이뤄지지 않고 일정한 규칙을 따릅니다. 생물학적으로 실현 가능한 결합이지만 배제하는 경우도 있습니다. 인간은 도구를 만들고 사용하며, 다양한 기술로 그 도구를 활용합니다. 인간의 사회생활은 제도적인 틀 안에서 진행되는데, 그 내용은 집단에 따라 바뀔 수 있지만 그 형태는 상수처럼 변하지 않습니다. 정치적·종교적 기능과 같은 어떤 기능들은 상이한 절차와 과정을 통해 정기적으로 보장됩니다.

더 넓은 맥락에서 인류학은 '인간 현상'에 대한 연구입니다. 물론 이것은 자연현상의 일부입니다. 그러나 동물의 경우와는 다르게 인간 현상은 항상적이고 특수한 성격을 띠므로, 별개의 독립된 방식으로 연구할 수 있습니다.

이런 의미에서 인류학은 인류만큼이나 오래되었다고 말할 수 있습니다. 역사적 증거들을 보면 시대마다 우리가 오늘날 인류학적 관심사라 부를 수 있을 만한 것이 항상 있습니다. 소아시아에서는 알렉산드로스 대왕을 수행한 기록관들뿐만 아니라 크세노폰, 헤로도토스, 파우사니아스, 그리고 훨씬 철학적인 아리스토텔레스, 루크레티우스 등도 이런 인류학적 관심사를 표명한 이들이라 할 수 있습니다.

아랍 세계에서는 대여행가였던 이븐 바투타와 역사학자이자 철학가인 이븐 할둔이 진정한 인류학적 정신으로 16세기를 증언했습니다. 이보다 몇 세기 전에는 불교의 자료 조사를 위해 인도에 간 중국 승려들이나, 같은 목적으로 중국을 방문한 일본 승려들도 있습니다.

이 시기 일본과 중국의 교류는 특히 한국을 통해 이루어졌습니다. 한국에서는 7세기 이후 제가 지금 말하는 맥락의 인류학적 호기심이 확인된 바 있습니다. 옛 사료에 따르면 문무왕의 이복형제가 있었는데, 백성의 생활을 살피기 위해 신분을 감추고 '익명으로' 왕국의 도처를 비밀리에 돌아다닌 후에야 대신이 됩니다.[2] 여기서 민간을 살핀다는 행위의 초기 형태를 엿볼 수 있습니다. 오늘날 인류학자들이 이 한국의 고관처럼 자신을 환대해주는 현지의 고관을 만나는 것은 물론 아닙니다! 한국의 사료에 따르면, 한 승려의 아들은 중국과 신

---

2 [옮긴이] 신라 문무왕 때의 재상 '거득공車得公'을 가리킨다. '거득령공車得令公' 또는 '차득공'이라고도 하는 그는 태종무열왕의 서자로 삼국통일 후 문무왕이 총재冢宰에 임명하자 먼저 국내를 밀행해 민심을 살폈다고 한다. 거득공이 당시 경주를 출발해 아슬라주(지금의 강원도), 복원경(지금의 충주) 등을 지나 무진주(지금의 광주)에 이르러 촌락을 순행했을 때였는데, 당시 일종의 향리였던 안길이라는 사람이 그를 보고 보통 사람이 아닌 것으로 짐작하여 자기 집에 맞아 극진히 대접했다. 다음날 거득공은 "주인이 만일 서울에 오거든 나의 집을 찾아주면 좋겠다"고 말하고서 서울로 돌아왔다. 당시 신라는 각주의 향리 한 사람씩을 볼모로 삼아 수도인 경주에 머물게 하는 상수上守라는 제도가 있었다. 안길이 상수할 차례가 되어 서울로 올라가게 되었고, 안길은 거득공을 찾았다. 거득공은 그를 환대하였고 무진주의 땅 일부를 주었다고 한다. 거득공이 맡은 총재라는 직책은 전국을 돌면서 백성들의 요역이나 조세의 경중과 관리의 청탁淸濁 등 행정 실무와 관련된 일들을 살핀 것으로 짐작된다.

라의 풍속에 관한 책을 썼다는 이유로 왕국의 위대한 현자 10인 중 한 사람이 됩니다.[3]

　중세에 유럽은 십자군전쟁을 통해 처음으로 동방을 발견합니다. 이어 13세기에는 교황과 프랑스 왕이 몽골족에 파견한 밀사들이 전해준 이야기를 통해 동방을 알게 됩니다. 특히 14세기 중국에 오래 체류한 마르코 폴로의 구술을 빼놓을 수 없습니다. 르네상스 초기에는 아주 다양한 자료들이 나오는데, 바로 여기에서 인류학적 고찰이 유래했을지 모릅니다. 터키가 동유럽과 지중해 일대를 침략했을 때 중세 민간에서는 환상문학이 유행했습니다. 이는 이른바 '플리니우스류' 같은 고대 환상문학의 연장선상에 있는데, 이런 이름이 붙은 것은 고대 로마의 박식가인 대大 플리니우스가 서기 1세기에 《자연사 Naturalis Historia》에서 체격과 습성 면에서 보았을 때 기괴하기 이를 데 없는 원시민족을 호의적으로 묘사한 바 있기 때문입니다. 일본에서도 이런 상상이 없었던 것은 아닙니다. 분명 대륙 세계로부터 자발적으로 고립되어 있었기 때문에, 고대 일본인들의 상상력은 민간에 더 오래 남아 있었습니다. 제가 처음 일본에 머물렀을 때, 1789년에 출판된《증보판

3　[옮긴이] 원효대사의 아들이자《삼국유사》에 "신라 10현"으로 기록되어 있는 '설총薛聰'을 가리킨다.

훈몽도휘增補訓蒙図彙》라는 백과사전을 선물 받은 적이 있는데, 그중 지리 편을 보면 이국적인 거인족, 그러니까 팔과 다리가 비정상적으로 긴 거인족이 실제 살았던 것으로 보입니다.

같은 시기, 유럽은 지리학이나 경험에 바탕을 둔 보다 실증적인 지식을 갖추고 있었고, 이미 16세기부터 지리상의 대발견과 함께 아프리카, 아메리카, 오세아니아 등지를 대거 찾아가고 있었습니다. 독일, 스위스, 영국, 프랑스 등지에서 여행 일화들이 급속도로 유행한 것도 그래서입니다. 프랑스에서는 라블레François Rabelais, 몽테뉴Michel de Montaigne 같은 작가들로부터 걸출한 여행문학이 시작되었고, 이것이 18세기 전 유럽으로 퍼져나가면서 인류학적 성찰은 더욱 깊어졌다 할 수 있습니다.

머나먼 나라에 대한 직접적인 지식이 없었기 때문에, 일본에 대한 메아리는 상상력을 발휘해 쓰인 글에서나 찾아볼 수 있습니다. '하라시리야'라는 나라의 오에 분파로 떠난 상상 여행이 그것인데, 이 나라 이름에서 브라질이 연상되기도 합니다. 이곳에 사는 원주민은 "곡식농사를 알지 못했고, 마른 뿌리를 주로 먹고 살았으며, 왕은 없었고, 귀족은 활을 능숙하게 쏘는 자들"이었습니다. 이보다 두 세기 전에 몽테뉴도 이와 비슷한 것을 썼는데, 한 항해자가 브라질 원주민을 개종시켜 프랑스에 데려온 적이 있다는 것이었습니다.

오늘날 하고 있는 인류학적 탐색은 19세기부터 시작되었다고 할 수 있는데, 그 첫 동기라면 아마 고고학적 호기심일 것입니다. 역사학, 고고학, 문헌학, 과학 같은 고전적인 주요 학문은 대학 교과과정 안에 들어오면서 일종의 시민권을 누리게 된 셈입니다. 물론 이 교과과정 뒤로 여러 부산물과 부스러기가 남았는데, 이것은 간과되고 있지요. 인류학자는 잡화를 취급하는 사람처럼 호기심에 가득 찬 사람입니다. 다른 학과가 휴지통에 버린 지식 부스러기들과 문제가 될 만한 파편들과 그림이 될 만한 세부 사항들을 인류학은 잘 모아놓습니다.

처음에 인류학은 독특하고 이상한 것들을 모아놓은 것이나 다름없었습니다. 그러나 서서히 이 찌꺼기들이 사람들이 생각하는 것보다 훨씬 중요하다는 사실을 알게 되었지요. 그 이유는 이해하기 쉽습니다.

나와는 다른 인간의 모습을 보면 우선은 놀라겠지만, 막상 달라서 놀랐던 점들을 하나하나 뜯어보면 유사한 점이 많기 때문입니다. 역사가, 고고학자, 철학자, 모랄리스트,[4] 문학

---

4 [옮긴이] 'moraliste'는 의미가 오해될 수 있으므로 '도덕가'가 아니라 원어의 발음대로 옮겼다. 모랄리스트는 특히 드 라 브뤼예르Jean de La Bruyère, 드 라 로슈푸코François de La Rochefoucauld 등 17세기 일군의 프랑스 작가들을 가리키는 말이기도 하다. 이들은 아주 냉소적이고 통찰력 있는 태도로

가 들은 최근 발견하게 된 민족을 보면서, 그들이 인류의 과거에 대해 가졌던 믿음을 재차 확인하게 됩니다. 위대한 발견이 이뤄지고 있던 르네상스 시대에는 최초 여행자들의 이야기가 그렇게까지 놀라운 일은 아니었을 겁니다. 신세계에서 발견한 것보다 지나간 고대로부터 재발견했던 것을 더 중요하게 생각했을 수도 있습니다. 원주민의 생활을 보면서 성서와 그리스어·라틴어 작가들이 묘사했던 에덴의 정원이나 황금시대, 청춘의 샘, 아틀란티스 또는 '복 받은 자들의 섬'[5] 같은 것들이 사실이었다는 것을 알았습니다.

우리는 보통 차이를 보는 것을 소홀히 하거나 거부합니다만, 인간을 연구할 때는 이런 차이들이 중요합니다. 장-자크 루소Jean-Jacques Rousseau가 말했듯이, "고유한 속성을 보기 위해서는 우선 차이를 관찰해야 합니다."

여기서 또 다른 발견을 하게 됩니다. 이런 독특하고 이상한 것들이 더 큰 관심을 받는 다른 중요한 현상들보다 훨씬 일관된 방식으로 정렬된다는 것입니다. 그동안 간과되었거

위선에 찬 인간의 본성을 꿰뚫어보며, 짧은 문장에 절묘한 문법적 구조의 독특한 문체로 아포리즘 가득한 글을 썼다.

5 [옮긴이] 프랑스어식 표현으로는 'îles Fortunées'이고 고대 그리스인들이 '마카로네시아Macaronesia'라 불렀던 곳으로, 덕이 많은 영혼들이 죽어 하계에 가서 완벽한 휴식을 취하는 곳이라 상상했다. 실제 지리적으로는 유럽 및 북아프리카에 가까운 대서양의 여러 섬들을 부르는 말이다.

나 이제 겨우 파악되기 시작한 것일 수 있는데, 서로 다른 사회에서 성별에 따라 노동이 어떻게 배분되는지를 봅시다. 가령 '항아리나 그릇을 만드는 일, 옷감을 짜는 일, 밭을 가는 일 등을 여자가 하는가, 남자가 하는가?' 등을 살피다 보면, 예전에는 없던 훨씬 견고한 토대 위에서 서로 다른 인간 사회들을 비교하고 분류할 수 있게 됩니다.

노동의 배분만이 아니라, 거주지 규칙에 대해서도 말할 수 있을 겁니다. 결혼을 하면 젊은 부부는 어디에 거주하는가 하는 것 말입니다. 남편의 부모와 함께 사는가? 아내의 부모와 함께 사는가? 별도의 독립된 거처를 만드는가?

또한 변화가 심하여 의미를 잃은, 그래서 오랫동안 무시되어 온 친족관계 및 결혼 규칙이 있습니다. 세계 대다수 주민들은 왜 사촌들을 두 범주로 구분할까요? 두 사촌지간이 있다고 할 때, 양쪽 부모가 형제나 자매일 수도 있고 아니면 남매일 수도 있습니다. 이때 왜 첫 번째 경우에는 사촌 간의 결혼을 금지하면서, 두 번째 경우에는 사촌 간의 결혼을 강요하지는 않아도 권장할까요? 그리고 왜 아랍 세계만이 이 규칙을 예외적으로 실행하고 있을까요?

이건 또 다른 이야기지만, 각 나라마다 금지하는 음식이 다릅니다. 각 민족은 이런저런 종류의 음식을 배제함으로써 자기 민족의 고유성을 주장합니다. 중국에서는 우유를, 유대

인과 이슬람교도는 돼지고기를, 또 몇몇 아메리카 원주민들은 물고기를, 또 다른 민족들은 사슴고기를 금지합니다.

이렇게 서로 다르기 때문에 민족들 간에도 차이가 생겨납니다. 그런데 이런 차이는 그 차이를 밖에서 다른 누군가가 관찰할 수 있을 때에만 비교 가능합니다. 인류학자들이 사소하더라도 다양성을 갖는 것들에 관심을 갖는 이유가 바로 여기에 있습니다. 동물학자와 식물학자가 자연계의 종들을 분류하는 것처럼, 단순한 분류를 통해서도 인간 사회의 다양성 속에 있는 어떤 일정한 질서 체계를 끄집어낼 수 있습니다.

이런 측면에서 보면, 친자관계 및 결혼관계 규칙을 연구하는 것이 가장 효과적입니다. 사실 인류학자들이 연구하는 사회의 구성 인원수는 매우 다양합니다. 수십 명인 경우도 있고, 수백 명에서 수천 명인 경우도 있습니다. 어쨌든 우리 사회와 비교해보면, 인류학자가 연구하는 사회는 일종의 축소 사회입니다. 인간관계에 따라 개인적 성격이 만들어집니다. 또한 문자 없는 사회만큼 친자관계 모델에 있어서 그 구성원들의 관계를 파악하는 데 좋은 경우가 없습니다. 그곳에서는 모두가 누군가의 형제이거나 자매, 남자 사촌이거나 여자 사촌, 또는 삼촌이거나 숙모입니다. 만일 부모가 없으면 이방인, 즉 잠재적 적이 됩니다. 계보를 더듬어볼 필요도 없습니다. 이런 사회의 상당수는 아주 간단한 규칙들이 각 개인에게 부과되고, 출생과 함께 이러저러한 범주 아래 놓이면서 친자 관계와 동등한 관계들이 설정됩니다.

기술적·경제적 수준이 아무리 낮아도, 사회적 인습과 종교적 신앙이 아무리 달라도, 친자관계 명명법이나 결혼 규칙을 보유하지 않은 사회는 없습니다. 개별적인 개인들이 허용된 부부관계, 더 나아가 보호된 부부관계를 통해 서로 결연된 인척관계를 형성하는 것입니다. 바로 그렇기 때문에 각각의 사회를 구분하고 유형에 따라 분류할 수 있습니다.

공통분모

인류학자들이 선호하며 연구하는 사회는 원시사회입니다. 오랜 전통이기도 하지만 오늘날 상당히 기피하는 단어가 '원시적primitif'이라는 단어입니다. 우리는 이 단어로 어떤 사회를 규정하는 데 너무나 익숙해 있지만, 이 단어를 명확하게 정의할 필요가 있습니다.

보통 문자의 부재나 기계적 수단의 차이를 들어 이런 인간 집단 사회는 우리 사회와 다르다고 규정합니다. 그런데 몇 가지 기본적인 사실을 잊으면 안 됩니다. 인류의 전 역사에 해당하는 만큼 아주 오랜 기간 지속된 이 사회가 바로 우리 인간이 함께 살아갈 수 있는 방법을 알려주는 유일한 본보기를 제공한다는 것입니다. 이들은 인류가 살아온 기간의 약 99퍼센트에 달하는 시간 동안, 또 지리적 관점에서도 지구 표면의 4분의 3에 이르는 지역에 살았습니다.

이른바 '원시'사회는 우리가 어떤 단계의 과거를 거쳐왔는지 조명해줄 뿐만 아니라, 인간 조건의 공통분모라 할 일반적이고 보편적인 상황을 보여주기 때문에 더욱 의미가 있습니다. 이런 관점에서 보면, 서양과 동양의 고도 문명이 오히려 예외성을 띤다고 할 수 있습니다.

사실상 인류학의 발전으로 더 많은 조사가 이뤄지면서, 소위 '반품'처럼 취급되고 주변부 지역으로 밀려나면서 소멸될 운명이라 여겨졌던 뒤처지고 소외된 사회들이 도리어 본연적 삶의 형태를 유지하고 있음을 알게 되었습니다. 외부로부터 위협을 받지 않는 한, 완벽한 지속성을 유지할 수 있는 사회가 바로 그런 원시사회인 것입니다.

따라서 기준선을 더 잘 설정해야 합니다.

수십 내지 수백 명 정도 되는 작은 집단들이고, 며칠을 걸어서 가야 할 정도로 서로 떨어져 있어야 합니다. 인구밀도 면에서는 1제곱킬로미터에 0.1명 정도 살아야 합니다. 인구 증가율은 1퍼센트가 안 될 정도로 낮아야 합니다. 다시 말해 늘어나는 수와 줄어드는 수가 거의 같아야 합니다. 그래서 실제 인원이 거의 변함이 없어야 합니다. 이와 같은 인구의 항상성은 다양한 과정을 통해 의식적으로든 무의식적으로든 보장되어야 합니다. 출산 이후 성관계의 금기와 수유 기간의 연장으로 여성의 생리적 리듬은 늦게 회복됩니다. 이렇게 관찰된 모든 사례를 보면, 인구 성장을 해도 새로운 토대 위에 재조직된 사회집단이 생기지 않습니다. 이건 정말 놀라운 일입니다. 집단의 구성원 수가 많아지면 집단은 분할되고, 이전과 같은 크기와 질서 체계를 갖춘 두 개의 작은 집단이 만들어집니다.

작은 집단은 그 집단 내에 어떤 병이 전염되면 즉각적으로 제거할 수 있는 능력이 있습니다. 유행병을 연구하는 학자들은 그 이유를 이렇게 설명합니다. 어떤 병의 바이러스가 한 개체에 들어가면 한정된 일수 동안만 살아남을 수 있습니다. 따라서 바이러스는 생존을 위해 지속적으로 유지되는 인구 집단 안에서 계속 다른 개체로 이동해야 합니다. 이것이 가능하려면 인구수가 수십만은 되어야 하고, 한 해의 출생률이 충분히 높아야 합니다.

덧붙이자면 가령 우리가 미신이라고 잘못 생각하는 종교와 의례를 지닌 사람들이 살고 있는 복잡한 생태의 자연환경에서는 천연자원이 더욱 잘 보존되고 식물과 동물 종이 매우 다양합니다. 열대 적도 지방에서는 단위면적당 인구수가 적으므로 전염성 세균이나 기생충 역시 적습니다. 전염이 될 수는 있으나 임상적 수준으로 보아서는 매우 미약합니다. 프랑스어로 시다SIDA, 영어로 에이즈AIDS라 불리는 병이 실례입니다. 이 바이러스성 질병이 열대 아프리카의 몇몇 가구에 국지적으로 나타났는데, 아마 이 바이러스는 수천 년 전부터 원주민 사이에 있었지만 그들과 적정한 균형 상태를 이루고 있었기 때문에 발병하지 않았을 겁니다. 그런데 우연한 계기로 바이러스가 훨씬 규모가 큰 사회로 유입되면서 중대한 위험이 되었을 수 있습니다.

비전염성 병이 전반적으로 부재하는 것에는 여러 이유가 있습니다. 가령 농민들이 주로 사는 지역에서는 육체노동 활동이 많고, 훨씬 다양한 음식이 있습니다. 지방이 적고, 식이 섬유가 풍부하고, 광물성 염분이 많으며, 단백질과 칼로리가 풍부한 백여 종의 동식물을 섭취합니다. 그렇기 때문에 비만, 고혈압, 혈액순환 장애가 적습니다.

16세기에 브라질 원주민을 방문한 한 프랑스 여행자는 이렇게 감탄한 바 있습니다. 그 글을 인용해보겠습니다. "우리와 똑같은 원소로 구성된 그들은 나병, 불구, 마비, 암종, 궤양이 없고, 신체상의 다른 악은 밖으로만, 표면적으로만 나타날 뿐이다." 아메리카 대륙이 발견된 이후 한 세기 혹은 한 세기 반가량의 기간 동안 멕시코와 페루 주민들은 '정복자들conquistadores'[6]이 가져온 병으로 총 1억에서 4~5억 명에 달하는 인구가 사망했습니다. 식민지 개척자들이 원주민에게 부여한 새로운 생활방식 탓인지 더 악성의 바이러스가 생겨 천연두, 홍역, 성홍열, 결핵, 말라리아, 감기, 유행성 이하선염, 황열, 콜레라, 페스트, 디프테리아 등의 전염병이 창궐한 겁니다.

우리는 이런 사회들을 과소평가해서는 안 됩니다. 왜냐하면 그 사회들은 비록 빈약한 상태이지만 헤아릴 수 없이 소중한 가치를 지니고 있기 때문입니다. 그러한 수천 개의 사회가 존재했고, 또 수백 개의 사회가 지표면에 계속해서 존재하고 있습니다. 그리고 그들의 경험은 '모두 실제로 행해진 경험들expériences toutes faites'입니다. 우리가 다루는 건 오로지 이것입니다. 물리학과 자연과학을 연구하는 학자들과는 다르게, 우리는 우리의 연구 대상을 제조하거나 실험실에서 작동시킬 수가 없습니다. 연구 대상이 사회니까요. 우리는 다만 우리 사회와 가장 다르기 때문에 선택된 이 사회들로부터 추출한 경험을 가지고 인간을, 또 그 인간이 만들어낸 집단적 산물을 연구하는 것입니다. 그리하여 인간의 정신이 아

---

6 [옮긴이] 'conquistador'는 스페인어로 '정복자'를 뜻하는데, 16세기에 남북 아메리카 대륙을 정복한 스페인 사람들을 가리킨다.

주 다양한 구체적 상황 안에서 어떻게 기능하는지 알아보는 것입니다. 역사학과 지리학도 어느 정도는 이런 방법을 쓰지만요.

그런데 언제 어디서든 과학적 설명은 우리가 보통 '좋은 단순화'라 부르는 것에 기반하고 있습니다. 인류학에서도 그것은 필요한 미덕입니다. 앞서 말한 것처럼 인류학이 연구하기로 선택한 사회들 가운데 가장 중요한 일부는 규모 면에서 작습니다. 그리고 그 자체로 안정성이라는 양식을 갖춘 사회입니다.

열대 사회는 그 사회의 관찰자인 인류학자와 멀리 떨어져 있습니다. 지리적으로만 먼 것이 아니라, 지성적·정신적 거리로도 멉니다. 이렇게 떨어져 있기 때문에, 우리의 지각 작용은 그 대상을 몇 가지 주요한 윤곽으로만 파악합니다. 말하자면 사회과학 및 인문과학 전체에서 인류학자가 갖는 입장은 물리과학 및 자연과학 전체에서 천문학자가 갖는 입장과 비슷합니다. 천문학은 저 먼 고대 시절부터 중요한 학문이었는데, 천체는 멀리 떨어져 관찰할 수밖에 없다보니(물론 과학적 도구가 없어서 그렇기도 했지만) 아주 단순화된 시점을 취하게 됩니다.

우리 인류학자는 우리가 관찰하는 현상들로부터 지극히 멀리 떨어져 있습니다. '멀리'라고 할 때, 우선은 지리적 의미에서 그렇다는 것입니다. 연구 대상에 도달하기 위해서는 몇 주, 몇 달을 여행해야 합니다. 그러나 특히 심리적인 의미에서도 멉니다. 인류학자가 관심을 갖고 집중해서 보는 시시콜콜하고 소소한 사항들을 정작 그 당사자인 사회 개체는 거의 혹은 전혀 의식하지 않습니다. 가령 우리는 어떤 민족의 언어를 연구하지만, 그 언어를 쓰는 민족은 언어 규칙을 의식하지 않고 말하고 이해합니다. 어떤 음식은 받아들이고 또 어떤 음식은 금지하는 것에도 몇 가지 이유가 있겠지만, 정작 그 이유는 의식하지 않습니다. 우리는 보통 식탁의 예의범절이나 식사 예법 등의 실제 기원과 기능을 의식하면서 식사를 하지는 않습니다. 한 개인과 집단의 무의식에 깊이 뿌리를 박고 있는 이 모든 사실들이 우리가 분석하고 이해하려는 것입니다. 지리적 거리 또는 내적·심리적 거리가 있어도, 아니 그게 있기 때문에 연구하는 것입니다.

심지어 관찰자와 물리적 거리가 존재하지 않는 바로 우리가 살고 있는 사회에서도 아주 멀리서 찾을 수 있는 것과 비교할 만한 많은 현상들이 있습니다. 관행, 생활 방식, 실기와 기술 등은 역사적·경제적 변화에 휩쓸리지 않으므로, 인류학은 이것들을 중요하게 포착합니다. 관행 같은 것들은 인간의 생활과 사고 속에 깊이 들어 있는 것이므로 외부에서 파괴하려고 해도 파괴되지 않습니다. 일본의 저명한 인류학자 야나기타 구니오[7]가 '조민兆民', 즉 만백성이라 불렀던 보통 사람의 집단적 삶은 마을이건 도시건 무엇보다 사람들 간의 사적인 접촉과 가족관계, 이웃관계에 기초하고 있습니다. 한마디로 말해 구전 문화가 유지되고 있는 작은 전통적 환경입니다.

제가 보기에는 서구 유럽과 일본 사이에 일종의 대칭 관계가 있습니다. 둘 다 같은 세기인 18세기에 이른바 인류학적 연구가 시작되었다고 볼 수 있게 하는 몇 가지 점들이 있습니다. 서구 유럽은 대항해를 통해 아주 멀리 떨어진 다른 문화에 대한 지식을 얻게 되었습니다. 반면 일본은 자신을 들여다보는 일에 골몰합니다. 아마 이것은 고쿠가쿠[국학][8] 학파가 그 뿌리일 것입니다. 그리고 한 세기 후 야나기타 구니오의 기념비적인 기획이 나옵니다. 적어도 서구 학자인 저의 눈에는 그의 저작의 진가가 여기에 있어 보입니다. 한국에서도 실학과 함께 인류학적 연구가 이루어진 것이 18세기입니다. 한국인들 역시 유럽이나 다른 먼 민족이 아닌 자기 나라의 시골 생활이나 민간 풍속에 대해 연구했습니다.

역사학자들은 관심을 기울이지 않았던 세세한 사실들의

---

7 [옮긴이] '야나기타 구니오柳田國男'(1875~1962)는 일본의 민속학자이자 방언학자이다.

8 [옮긴이] '고쿠가쿠国学'는 에도시대에 일본 고대의 문화, 사상 등을 밝히려 했던 학문이다.

목록을 다량 수집하고, 직접적인 관찰을 통해 기록된 문서에 누락되어 있거나 불충분한 것들을 보충하며, 어떤 작은 집단의 과거로 거슬러 올라가거나 상상하면서 현재를 사는 방식을 알아봅니다. 그럼으로써 우리는 마침내 하나의 독창적인 유형의 자료를 구축하게 되었습니다. 다시 한 번 인용하자면 야나기타 구니오가 '분카가쿠文化学', 즉 문화학이라 부른 것에 진입한 것입니다. 문화학, 이것을 다른 말로 하면 인류학입니다.

'본래성'과 '비본래성'

여기까지 살펴보았으니, 우리는 이제 인류학이 무엇이고 그 독창적 특성이 무엇인지 이해했을 겁니다.

인류학의 첫 번째 야망은 '객관성objectivité'에 도달하는 것입니다. 그런데 여기서 객관성은 자기 믿음이나 선호, 일종의 편견을 추상화할 때 쓰는 객관성이 아닙니다. 이런 객관성은 모든 사회과학이 추구하는 것이기도 한데, 그게 없으면 과학이자 학문이라는 이름으로 무엇을 주장할 수가 없습니다. 인류학이 주장하는 객관성은 한 걸음 더 나아갑니다. 관찰 대상인 어떤 사회의 고유한 가치들을 객관화하는 것뿐만 아니라, 그 사회를 바라보는 사고방식도 객관화하는 것입니다. 정직하고 객관적인 관찰자에게만 아니라, 가능한 모든 관찰자들에게도 유효한 도식에 이르러야 한다는 겁니다. 인류학자는 자기의 감정을 말하지 않아야 하는 것뿐만 아니라, 새로운 심성의 범주를 만들고, 공간과 시간, 반대와 모순 등에도 새로운 개념을 도입해야 합니다. 오늘날 물리과학과 자연과학에서 파생한 다른 분과 학문들에서 만나는 전통적 사유와는 전혀 다른 낯선 개념일 수 있습니다. 서로 다른 학과에서 같은 문제가 제기될 수 있습니다. 위대한 물리학자 닐스 보어Niels Bohr가 이를 인상적으로 포착한 바 있습니다. 보어는 1939년 이렇게 썼습니다. "인간이 만들어낸 문화들 간에는 전통적인 차이들이 있는데, …… [이것도] 물리학적 실험의 결과들을 묘사하는 다양한 방식들에 상응해 묘사할 수 있다."[9]

인류학의 두 번째 야망은 '전체성totalité'입니다. 사회생활의 모든 양상들이 유기적으로 연관되어 있는 하나의 체계를 보자는 것입니다. 여러 현상들이 갖는 유형을 인식하기 위해서는 법률가, 경제학자, 인구학자, 정치학 전문가가 하듯 하나의 전체를 조각으로 분해하는 일도 반드시 필요합니다. 그러나 인류학자가 주로 탐색하는 것은 아주 다양한 종류의 사

---

9 Niels Bohr, *Physique atomique et connaissance humaine*, Paris: Gallimard, Folio Essais, n° 157, 1991, p. 33.

회생활 이면에서 드러나는 공통의 형태, 즉 불변하는 속성입니다.

설명이 너무 추상적으로 될까봐, 몇 가지 예를 들어보겠습니다. 가령 인류학자가 일본 문화의 어떤 양상들을 포착하는 방식을 봅시다.

일본 목수가 서양 목수와 반대 방향으로 톱과 대패를 사용하는 것에 주목하는 것이 인류학자가 되는 데 꼭 필요하다고는 할 수 없습니다. 어쨌든 일본 목수는 연장을 바깥쪽으로 밀지 않고 자기 쪽으로 밉니다. 19세기 말에 이미 바질 홀 체임벌린Basil Hall Chamberlain은 이 사실에 놀랐습니다. 이 도쿄대학 교수는 일본 문화와 생활을 명민하게 관찰했던 저명한 문헌학자였습니다. 그의 유명한 책《일본적인 것Things Japanese》에 이 예를 기록하고 있습니다. 그는 이를 다른 몇 가지 예들과 함께 "뒤죽박죽topsy-turvydom"이라는 제목 아래 함께 기록하고 있는데, 이 말을 한 번 더 번역하면 "모든 것이 거꾸로 뒤집혔다"일 것입니다. 물론 그는 이 이상야릇한 것들에 특별한 의미를 부여하고 있지는 않습니다. 요컨대 이것은 스물네 세기 전에 헤로도토스가 주목한 것에서 한 발 더 나아간 것도 아닙니다. 헤로도토스는 자기 그리스인과는 다르게 이집트인은 모든 것을 반대 방향으로 한다고 말한 바 있습니다.

일본어 전문가들이 호기심을 품고 적고 있는 게 있습니다. 잠시 자리를 비울 때(우체국에 편지를 부치러 가거나, 신문을 사러 가거나, 담배를 사러 잠시 나갈 때), 일본인은 이렇게 말한다는 겁니다. '다녀오겠습니다行って参ります.' 그러면 이렇게 대답합니다. '다녀오세요行ってらっしゃい.' 비슷한 상황에서 서양 말은 나가겠다는 결정에 강조점을 두지만, 일본에서는 곧 돌아오겠다는 의도에 강조점을 둡니다.[10]

마찬가지로 일본 고대 문학의 한 전문가는 여행을 뿌리가 뽑혀 나가는 것 같은 고통스러운 경험으로 느끼는 점을 부각합니다. 다시 말해 고국으로 돌아와야 한다는 강박에 시달리고 있다는 겁니다. 또한 훨씬 평범하고 일상적인 예를 들어보자면, 일본 요리사는 유럽에서 그러듯 뜨거운 기름에 '푹 담궈plonger' 구워낸다고 말하지 않고 '튀긴다', 즉 기름에 넣었다가 '들어올린다揚げる'고 말합니다.

인류학자라면 이런 세세한 사실들을 별도의 독립적 요소로, 그러니까 분리된 개별적 특성으로 보지 않습니다. 반대로 그 공통점에 놀라게 됩니다. 서로 다른 분야이고 서로 다른 양태로 나타나지만, 항상 '자기 쪽으로 다시 가져오다' 혹은 '스스로 안으로 돌아오다/내면으로 돌아오다'라는 의미가

---

10 [옮긴이] 같은 상황일 때 프랑스어에서는 "저 나갑니다Je sors"라고 말한다.

강조됩니다. 독립적이고 이미 구성된 전체로서의 '나'로부터 출발하는 대신, 일본 사람들은 모든 게 바깥에서부터 출발하여 이어 나로 옵니다. 일본의 '나'는 처음부터 주어진 것이 아니라, '나'에 도달한다는 보장은 없지만 일단 밖으로 나갔다가 '나'를 향해 돌아온 결과물처럼 보입니다. 데카르트René Descartes의 그 유명한 말, "나는 생각한다, 고로 존재한다"는 엄격히 말하면 일본어로는 번역이 되지 않을 것 같습니다! 구어만큼이나 다양하고 변화가 많은 장인의 기술 용어와 요리 재료, 단어 및 그 개념의 역사(여러분의 건축 용어인 '우치'[11]에 여러 의미가 있다는 게 생각나는데, 그런 예를 덧붙일 수 있겠습니다)에는 차이가, 정확히 말하면 불변하는 차이의 체계가 있습니다. 이는 더 깊은 차원에서 설명할 수도 있습니다. 서양의 정신세계와 일본의 정신세계를 도식화하면, 구심적 운동성과 원심적 운동성으로 대조된다 할 수 있겠습니다. 이런 도식은 두 문명 간의 상호성을 더 잘 이해하기 위한 인류학자의 연구 가설로도 쓰입니다.

요컨대 인류학자가 추구하는 종합적인 객관성이란 현상

---

11 일본어 '우치內'에는 여러 의미가 있다. 우선은 가옥 건물의 내부를 의미하며, 그래서 가정을 의미하기도 한다. 또 내적인 집단, 즉 자기가 속한 조직 및 직장의 동료를 뜻한다. 더 나아가 마음속, 혹은 어떤 시간 및 기간의 이내 등을 뜻하기도 한다.

들을 보면서 각자 어떤 의식을 할 수 있을 만큼 그 현상들이 의미를 가지는 정도가 되어야 합니다. 다른 사회과학이 만족하는 객관성과 인류학이 희망하는 객관성이 본질적으로 차이가 있다는 것을 다시 한 번 강조하고자 합니다. 경제학이나 인구학이 다루는 현실은 객관적이면서도 어느 정도는 주관적이지만, 주체가 체험한 것이 어떤 의미가 있는지까지는 묻지 않습니다. 가치, 수익성, 한계생산력 혹은 최대 인구 같은 것을 다뤄도, 이것이 어떤 의미가 있는지까지는 자세히 다루지 않습니다. 이런 것들은 인간들의 사적 관계, 그러니까 개인 간의 구체적인 관계 바깥에 있는 추상적인 개념들이지만, 인류학자들은 이런 것에도 관심을 갖고 그들이 연구하는 사회의 표지로 파악합니다.

우리 근현대사회에서 타자와의 관계는 우연적이고 파편적인 방식으로 이루어지지만, 이 방식이 우선은 주체들끼리 서로를 파악하게 하는 전체적이고 총괄적인 경험에 기초하고 있는 것도 사실입니다. 타자와의 관계는 대개 글로 쓰인 문서의 도움으로 이루어진 간접적 재구축의 결과물입니다. 무슨 말인가 하면, 우리는 우리의 과거와 연결되어 있는데, 그것은 더 이상 사람들과 직접 접촉해야 하는 구두 전승이 아니라, 도서관에 가득 쌓여 있는 책이나 다른 문서들을 통한다는 것입니다. 비평가는 이런 문서들을 통해 그들 저자의 얼굴을 재구성하곤 합니다. 현재는 기록된 문서나 행정기구 같은 온갖 종류의 중간 매체를 통해 같은 시대를 사는 대다수와 소통합니다. 이런 매체 덕분에 우리의 접촉과 소통은 대단히 늘어나지만, 매체라는 것은 중간 역할에 불과하기 때문에 정통성, 더 나아가 진정성이 결여된 것일 수 있습니다.[12] 시민과 권력기관의 관계에도 이제는 이런 낙인이 찍히게 됩니다.

책, 사진, 신문, 라디오, 텔레비전 같은 간접 소통 형태가 늘어남에 따라 자율성은 상실되고 내적 균형은 느슨해집니다. 커뮤니케이션 이론가들이 우선 걱정한 것도 이것이었습니다. 1948년부터 대수학자 노버트 위너Norbert Wiener, 인공두뇌학의 창시자 폰 노이만John von Neumann, 정보이론의 클로드 섀넌Claude Shannon의 글에서도 이를 지적하는 내용을 볼 수 있

---

12 [옮긴이] 언론 등을 뜻하는 말로 자주 쓰이는 '미디어media'는 '중간'이라는 뜻에 다름 아니다. 직접성, 무매개성이 아닌 간접성, 매개성은 직접 닿아 전도되는 것이 아니라, 외부 요소가 끼어들어 전도되는 간접적 닿음이므로 본래성, 더 나아가 정통성이 결여된 것일 수 있다. 레비-스트로스는 이를 'authenticité'와 'inauthenticité'라는 말로 구분하여 적시하고 있다. 프랑스어 사전에 따르면 'authencité'란 형식이나 내용에 있어 의심할 바가 없어 그 권위가 인정된다는 의미를 갖고 있어 흔히는 '정통성'이라는 단어로 옮길 수 있으며, 또한 '본원/본질/근간original'에 가깝거나 그것에 순응한다는 의미를 갖고 있어 '본래성'이라는 단어로도 옮길 수 있다. 이 책에서는 문맥에 맞게 두 표현을 적절히 사용하여 번역했다.

습니다.

　인류학자와는 전혀 다른 근거에 바탕해서, 위너는 그의 주
저인《인공지능학: 동물과 기계의 통제와 소통Cybernetics : Or
Control and Communication in the Animal and the Machine》의 마지막 장에
이렇게 쓰고 있습니다. "촘촘히 이어져 있는 작은 공동체에
는 상당한 항상성이 있다. 이것은 문명화된 나라의 매우 개발
된 공동체에도 해당하고, 원시의 야생 마을의 공동체에도 해
당한다." 계속해서 또 이렇게 말합니다. "그러므로 영향을 받
아 교란될 위험이 높은 대도시 집단이 원시 마을의 작은 집
단보다 모든 사람이 접근할 수 있는 정보를 덜 가지고 있을
수도 있다는 점은 그리 놀랄 만한 일이 아니다. 모든 공동체
가 인간적 요소로 이루어져 있다는 사실은 굳이 말할 필요도
없을 것이다."[13]

　분명 근현대사회에 비본래성만이 있는 것은 아닙니다. 근
현대사회에 대한 연구로 방향을 돌리고 있는 오늘날의 인류
학은 근현대사회의 '본래적인 것'을 식별하고 구분하는 일에
집중하고 있습니다. 한 마을이나 대도시의 한 구역을 연구할
때, 인류학자에게 익숙한 영역은 바로 모든 사람이 모든 사람

---

13 Norbert Wiener, *Cybernetics : Or Control and Communication in the
Animal and the Machine*, Paris: Librairie Hermann & Cie, 1948, pp.
187~188; trad. française: Paul Chemla.

서구 문화 패권의 종말

을 혹은 거의 대부분을 아는 사회입니다. 인류학자는 5백 명 정도의 마을에서 편안함을 느낍니다. 반면 대도시는 물론 중간 규모의 도시도 인류학자에게는 힘듭니다. 왜 그럴까요? 5만 명의 사회는 5백 명의 사회와 같은 방식으로 구성되지 않기 때문입니다. 우선 소통 체계가 사람들의 직접적인 관계나 상호 간의 소통 모델 위에 세워져 있지 않습니다. '발신자'와 '수신자'의 실질적 관계가 사라집니다. 커뮤니케이션 이론가들의 언어를 사용하면, 그것은 '코드'와 '중계' 뒤로 사라집니다.

인류학이 미래를 위해 이론적으로 중요한 기여를 한다면, 그것은 분명 이러한 두 사회의 존재 양식을 중요하게 구분하는 데서 비롯될 것입니다. 하나는 전통적이고 고대적이라고 인지되는 종류의 삶으로서, 본래적이고 정통적인 사회의 삶입니다. 다른 하나는 최근에 나타나는 형태로서, 앞서 본 사회의 특성이 완전히 부재하진 않지만 그것이 불충분하고 불완전한 삶, 마치 비본래성에, 비정통성에 강타당해 광대한 전체 표면에 섬처럼 떠 있는 사회입니다.

'내 것이기도 한 서구적 관점'

그렇다고 인류학을 아주 멀리 혹은 아주 가까이에 아직

살아남아 있는 잔재를 찾아 연구하는 것만으로 한정할 수는 없습니다. 무엇보다 중요한 것은 이러한 생존 형태에 대한 고고학이 아니라, 이 생존 형태들 간의 차이 또는 그 형태들과 우리의 생존 형태들 간의 차이입니다.

원시인의 인습과 종교에 대한 최초의 체계적인 연구는 1850년 이전까지 거슬러 올라가지 않습니다. 그해는 다윈Charles Darwin이 생물학적 진화론을 제기한 해로, 당시 사람들은 종교도 사회적·문화적 진화를 한다고 생각했습니다. 이른바 '흑인의' 혹은 '원시적인' 대상이 미적 가치로서 인식된 것은 그 후인 20세기 초입니다.

인류학이 근대인의 호기심에서 나온 새로운 과학이라고 결론짓는 것은 잘못입니다. 거리를 두고 한 눈에 조망하면서 사상의 역사 안에 인류학의 자리를 찾고자 한다면, 인류학은 가장 보편적인 표현이자 일종의 궁극의 도달점이라 할 수 있는 몇 세기 전에 이미 생겨난 지적·도덕적 태도, 우리가 이른바 인문주의라 부르는 것에 자리할 것입니다.

여기서 잠시 제가 속한 서구의 관점에서 보자면, 유럽에서 르네상스 시대 사람들이 그리스-로마의 고대를 재발견했을 때, 또 예수회가 라틴어를 기초로 대학의 학제 교육을 시작했을 때, 이미 인류학이라는 행로가 진행되고 있었다고 할 수 있습니다. 왜냐하면 문명은 다른 하나의 또는 여러 개의 문명을 놓고 비교하면서 살피지 않으면, 그 문명 자체에 대해 생각할 수 없기 때문입니다. 한 고유한 문화를 인식하고 이해하기 위해서는, 다른 문명의 관점에서 그것을 바라볼 수밖에 없습니다. 여러분의 위대한 '노' 배우 제아미의 말처럼,[14] 배우가 자신의 역할을 판단하기 위해서는 관객인 양 자기 자신을 바라봐야 합니다.

사실 저는 1983년에 출판한 책의 제목을 이런 맥락에서 찾아낸 적이 있습니다. 독자에게 인류학적 고찰의 이중적 본질을 알려드리고 싶어서였죠. 하나는 관찰자의 문화와 매우 다른 문화를 아주 멀리서 바라보는 것이고, 또 하나는 관찰자 스스로가 마치 다른 문화에 소속된 것처럼 자신의 문화를 멀리서 바라보는 것입니다. 그래서 택한 제목이《멀리서 보는 시선Le Regard éloigné》이었습니다. 제아미를 읽으면서 영감을 받아 지은 제목입니다. 제아미는 배우가 마치 관객인 것처럼 자신을 바라보는 시선을 "리켄노 겐離見の見"이라고 표현하는데, 제 동료 학자의 도움을 얻어 이 말을 프랑스어로 옮긴 것

---

14 [옮긴이] '노能'는 일본의 대표적인 전통 가면극이며, '제아미世阿彌' (1363?~1443?)는 무로마치시대에 노의 기초를 구축한 연기자이자 이론가이다. 아버지 간아미와 함께 오늘날과 같은 형태의 노를 발전시켰으며, 아버지와 함께 만든 간제파에서 이름을 따서 '간제 모토기요觀世元淸'라고도 불린다.

입니다.

르네상스의 사상가들도 우리 문화를 이런 관점에서 바라보고, 우리의 인습과 종교를 다른 시대 및 공간과 대비해보았습니다. 한마디로 '낯설게 하기dépaysement' 기술이라 부를 수 있을 만한 수단을 만들어낸 것입니다.

일본의 경우에는 모토오리 노리나가[15]의 이른바 "생득주의nativiste"가 그런 것 아닐까요? 일본의 문화와 문명 특유의 성격들을 포착하여 추출하지 않았습니까? 그런데 이것은 중국과 열정적인 대화를 하면서 이루어졌습니다. 모토오리는 두 문화를 대비시킵니다. 그러면서 그의 눈에 비친 중국 문화의 몇 가지 특징적 윤곽을 포착합니다. 그것은 어찌 보면 "과장된 언변"이라는 수사로 표현할 수 있는 것으로, 도교에서 보이는 임의적이면서도 단호한 확언에 대한 취향으로 볼 수 있습니다. 이와는 대조적으로 일본 문화의 정수는 절도, 간결, 신중, 최소한의 수단만 들이는 효율성 등입니다. 또한 영원한 것은 없다는 감정과 사물들에 대해 느끼는 무상함(모노노아와레),[16] 다 안다는 것도 상대적일 뿐이라는 통달의 무용

---

15 [옮긴이] '모토오리 노리나가本居宣長'(1730~1801)는《겐지 이야기源氏物語》를 비롯한 일본 고전을 강의하고,《고지키古事記》를 연구하여 방대한 주석 연구서를 내놓은 일본 고쿠가쿠[국학]의 대표적인 권위자이다.

16 [옮긴이] '모노노아와레物の哀れ'는 왠지 슬프게 느껴지는 일, 인간사와 사

함 등입니다.

중국을 보는 것은 일본 문화의 특수성을 긍정하기 위한 수단이기도 합니다. 중국을 주제로 다룬 일본 판화들에는 이런 경향이 투영되어 있습니다. 1830년 무렵 우타가와 구니요시歌川國芳와 우타가와 구니사다歌川國貞가 그린 소설《수호전》이나《한서》의 내용 중 전사들의 무훈을 그린 삽화가 그 예입니다. 과장되고 화려한 화풍과 한껏 고조된 이른바 바로크적인 기법이나 세부적인 의상 묘사 등 매우 풍부한 기법은 우키요에浮世繪의 전통과는 좀 거리가 멉니다. 당시 유행하던 고대 중국 문화에 대한 해석이 반영된 것으로, 민족지학적 면모가 투영되어 있다 하겠습니다.

모토오리의 시대에 일본이 직간접적으로 아는 것은 중국과 한국뿐이었습니다. 유럽에서도 고전적 문화와 인류학적 문화 사이에 차이점이 있는데, 이는 결국 당대에 알려진 세계의 차원에 달려 있습니다.

르네상스 초기에는 지중해까지가 아는 세계의 전부였습니다. 그 너머에는 무엇이 존재하는지 몰랐습니다. 이미 말했지만, 인류는 자기 세계 아닌 다른 세계가 있어야 자신을 이

리에 대한 무상함, 깊숙이 파고드는 정취 등을 뜻한다. 모토오리 노리나가는《겐지 이야기》를 해설하면서, 일본인 특유의 감수성을 표현하기 위해 이 수사적 표현을 사용하였다.

해하고 싶은 열망이 생깁니다. 적어도 참조할 수 있는 다른 부분이 있어야 한다는 말입니다.

18~19세기에 인문주의는 지리상의 발견과 함께 확대됩니다. 중국, 인도, 일본도 점차적으로 (서양이 묘사하는) 그림 안으로 들어옵니다. 오늘날 알려지지 않았거나 간과되어왔던 다른 문명들에 관심을 가지면서, 인류학은 인문주의의 세 번째 단계를 건너려 하고 있습니다. 아마도 이것이 마지막이 될 것입니다. 왜냐하면 인간은 자신에 대해 발견할 것이 적어도 거리나 넓이 면에서는 없기 때문입니다(물론 깊이의 면에서는 또 다른 연구와 탐색이 있어야죠. 우리는 아직 그 끝에 이르지도 못하고 있으니까요).

이 문제에는 또 다른 측면이 있습니다. 최초의 두 인문주의, 즉 지중해 세계의 인문주의 그리고 오리엔트와 동아시아의 인문주의는 표면적으로만 아니라 실질적으로도 확장이 제한되어 있습니다. 고대 문명은 사라졌고, 이들에 접근하려면 문헌과 유적을 통할 수밖에 없습니다. 유럽 지중해만큼의 어려움을 겪는 것은 아니지만, 오리엔트와 동아시아 세계도 방법론은 마찬가지입니다. 그토록 멀고도 다른 문명에 관심을 갖는 이유는 매우 조예가 깊고 능숙하며 섬세한 그들 문화의 유산이 있기 때문입니다.

인류학 분야는 다른 유형의 문명들도 다루는데, 그러다 보니 다른 문제를 낳게 됩니다. 가령 문자 없는 문명은 기록된 자료를 가지고 있지 않습니다. 기술 수준은 일반적으로 매우 낮고, 대부분은 형상화된 유적을 남기지 않습니다. 바로 그렇기 때문에 인문주의는 새로운 도구가 필요하게 됩니다.

인류학이 사용하는 수단들은 인류학의 선배 격이라 할 문헌학이나 역사학보다 훨씬 외부적이면서도 훨씬 내부적입니다('훨씬 큰 동시에 훨씬 작고 섬세하다'고 표현할 수도 있습니다). 접근하기 어려운 사회에 들어가기 위해 인류학자는 아주 바깥에 자리를 잡아야 합니다(형질인류학, 선사학, 공학처럼 말입니다). 또한 아주 안쪽에 자리 잡아야 하는데, 다른 정보 수단이 없으므로 인류학자는 그가 연구하는 집단에 자신을 완전히 이입시켜 그 존재와 중요성을 공유하고 원주민의 정신세계의 아주 미세한 뉘앙스도 잡아내야 합니다.

인류학은 전통적 인문주의의 틀 안에 있으면서도 전폭적으로 그 틀을 뛰어넘기도 합니다. 인류학자의 조사 영역은 거주지 전체를 다 포괄하고, 그 방법은 인문과학과 자연과학 등 학문 전체가 취하는 모든 절차와 과정을 따릅니다.

시간이 흐르면서 세 가지 인문주의가 하나로 통합되었습니다. 세 방향 안에서 인간의 지식이 진보한 것입니다. 우선은 표면적인 부분입니다. 즉 외적 양상만 보자면, 비유적 의미로 가장 피상적인 양상에서 보자면 그렇다는 것입니다. 이른바 '잔류한_{résiduelles}' 사회들이 인류학자의 몫으로 남게 되면서 인류학은 그런 사회들의 특별하고도 독특한 성격을 파악하기 위해 새로운 지식 체계를 벼려내지 않을 수 없게 되었는데, 이로써 우리 사회를 포함해 다른 모든 사회들에 대한 연구에 그 지식 체계를 적용할 수 있게 되었습니다. 이런 의외의 결실이 있다는 것을 조금씩 알아채면서 인류학의 연구 수단과 방법은 더욱 풍부해졌습니다.

그것 말고 더 있습니다. 고전적 인문주의는 그 대상이 제한적이었을 뿐만 아니라, 그 수혜자도 특별한 계층에 한정되어 있었습니다.

19세기 이국에 대한 인문주의 열풍은 산업적·상업적 이익과 연결되어 있었습니다. 그런 뒷받침이 있었기 때문에 존재할 수 있었던 것입니다. 르네상스 시절 귀족의 인문주의와 19세기 부르주아의 인문주의 이후에, 가장 소박하고 겸손하며 오랫동안 무시되어온 사회들의 한가운데에서 영감을 찾으면서, 인류학은 어떤 인류도 인간에게 낯선 자일 수 없다고 선언합니다. 특별한 문명에서 특별한 자들을 위해 만들어진 이전의 인문주의를 추월하는 민주적 인문주의를 인류학이 세울 수 있게 된 것입니다. 그것은 인간의 지식에 봉사하는 모든 학문에게서 빌린 방법과 기술을 가지고, 총화적 인문주의 속에서 인간과 자연의 화해를 요청합니다.

이 학회에서 여러분이 제게 요청한 주제를 제가 잘 이해했다면, 인문주의의 세 번째 형태에 대해 말해야 할 것입니다. 다른 앞선 형태의 인문학보다 인류학이 오늘날 인류가 처한 중대한 문제들에 대한 해결책을 더 잘 제시할 수 있다는 것을 보여줘야 하니까요. 세 세기 동안 인문주의 사상은 서구 인간의 성찰과 행동을 함양하고 고취시켰습니다. 그리고 오늘날 우리는 그 사상이 세계적 규모의 학살을 피할 능력이 없다는 것을 확인했습니다. 인간이 거주하는 지역이라면 전쟁과 가난과 영양실조가 만성적으로 있어 왔고, 대기오염과 수질오염, 자원과 아름다운 자연에 대한 약탈이 있어 왔습니다.

인류학적 인문주의는 다른 학문들보다 우리를 둘러싸고 있는 수많은 질문들에 대해 더 잘 답해줄 수 있을까요?

다음 강연에서는 인류학이 대답해야 할 몇 가지 중대한 문제들을 정의하고 파악해보겠습니다. 오늘의 결론을 말씀드리면, 외람되지만 인류학은 분명 어떤 이로운 점을 우리에게 기여하고 제공한 바가 있습니다. 왜냐하면 인류학의 이점 가운데 하나(아마 이것이 결국 가장 주요한 이점이겠지만)는 부유하고 강한 우리 문명국 구성원들에게 겸손함이라는 미덕과 지혜를 가르쳐준 것이니까요.

우리가 사는 방식과 믿고 있는 가치가 가능한 유일한 것이 아니라는 사실을 증명하기 위해 인류학자가 있는지도 모룹니다. 다른 삶의 유형과 다른 가치 체계를 통해서도 우리는 행복을 찾을 수 있습니다. 인류학은 우리로 하여금 허영심을 자제하고, 다른 삶의 방식들을 존중할 것을 권유합니다. 놀라고 충격을 받거나 혐오감을 느낄 수도 있을 다른 관습과 관례를 알게 됨으로써, 다시 한 번 물음을 던져볼 수 있을 겁니다. 장-자크 루소의 방식이 이와 비슷한데, 당시 여행자들이 묘사한 것처럼 루소는 인간의 본성 안에 아직 알려지지 않은 또 다른 측면이 있다는 것을 인정하지 않느니, 차라리 고릴라가 인간이라고 믿는 편이 낫다고까지 했습니다.

인류학자들이 연구하는 사회는 다른 온갖 종류의 규칙들에 대해 듣는 것보다 더 많은 교훈을 줍니다. 앞서 말했지만, 이는 우리가 더는 보장할 수 없게 된 인간과 자연환경 사이의 균형을 가능하게 해줄 수도 있을 교훈입니다. 우선은 여기까지만 말씀 드리겠습니다.

'다양성의 최적 상태'

19세기 프랑스의 철학자 오귀스트 콩트Auguste Comte는 인간 진화에는 세 단계 법칙이 있다고 말했습니다. 그에 따르면 인간은 두 가지 연속적 단계를 지나게 됩니다. 종교적 단계, 이어서 형이상학의 단계가 그것입니다. 그리고 세 번째인 실증적이고 과학적인 단계에 도달하려는 참입니다.

아마 인류학은 이와 같은 유형의 진화를 보여줄 겁니다. 비록 각 단계의 내용과 의미가 오귀스트 콩트가 파악한 것과는 다르지만요.

이제 우리는 '원시인'이라고 알려진 민족이 농업과 목축을 모르거나, 초보적인 수준의 농사만 알거나, 그릇을 빚고 천을 짜는 법을 모를 수 있다는 것을 압니다. 또 사냥과 낚시, 과일이나 야생식물 채취로만 사는데도 굶어 죽을지 모른다는 두려움과 적대적 환경에서는 생존할 수 없다는 불안감에 휩싸여 살지만은 않았다는 것을 압니다.

인구수가 극히 적지만 천연자원에 대한 풍부한 지식이 있어, 우리가 풍요라고 부르기에는 망설여지는 조건이긴 하지만 그래도 그들은 제법 잘 삽니다. 오스트레일리아, 남아메리카, 멜라네시아와 아프리카 등에 대한 세세한 연구가 보여주고 있지만, 일을 할 수 있는 인원이 하루에 2~4시간만 노동을 해도 생산 활동에 아직 참여하지 않았거나 더는 참여할 수 없는 어린아이와 노인을 포함한 모든 가족의 생존을 해결할 수 있습니다. 공장이나 사무실에서 길고 긴 시간을 보내는 우리 현대인과는 얼마나 다른지요!

원시 부족이 환경의 명령에 얽매인 노예였다고 생각하는 건 큰 오산입니다. 이들은 밭을 재배하는 농민이나 짐승을 사육하는 목축업자보다 환경으로부터 훨씬 독립적이었습니다. 더 긴 여유 시간을 가지고 더 많은 창의적인 일을 했고, 서로 더 많이 교유하고, 외부세계와의 접촉도 더 많았습니다. 일종의 충격을 완화하는 쿠션이라 할 만한 신앙, 몽상, 의식, 의례 같은, 한마디로 우리가 보통 종교적·예술적 활동이라 부르는 일들을 한 것입니다.

인류는 수십만 년 간 이와 비슷한 상태에서 살아왔다는 점을 인정합시다. 농업, 목축, 이어서 산업 세계를 거치면서 인류는 현실 세계와 점점 더 밀접하게 '연동'되어왔음을 보게 됩니다. 그러나 19세기부터 오늘날까지 이 연동성은 철학적·이념적 개념이라는 매개체를 통해 간접적으로 작동되고 있습니다.

우리가 현재 들어와 있는 세계는 전혀 다른 세계입니다. 훨씬 견고한 결정론과 거칠게 대결하고 있는 세계입니다. 이는 거대한 인구로 인한 결과입니다. 자유로운 공간과 깨끗한 공기, 오염되지 않은 물은 생물적·정신적 건강을 위해 필수적인데, 점점 제한되고 있습니다.

이념적 폭발은 한 세기 전에 시작되어 지금도 계속해서 일어나고 있습니다. 공산주의와 마르크스주의, 전체주의 등은 제3세계나 최근 이슬람 근본주의 세계에서 아직도 그 힘을 잃지 않고 있습니다. 과거와 현재의 생존 조건 사이에 급격한 단절이 있기 때문에, 늘 반란과 혁명의 기운이 감돌 수밖에 없습니다.

감성이라는 것은 하나로 종합하고 요약할 수 있는 것은 아니지만, 이른바 감성의 자료들 간에는 어떤 결별과 단절이 있습니다. 감성은 우리 신체 기관의 상태에 따라 주어지는 것입니다. 감성이란 우주를 알고 이해하기 위해 우리의 모든 노력이 집중되는 추상적 사고입니다. 색, 감촉, 질감, 냄새, 맛 등이 각각 의미를 갖는다고 본다면, 인류학자가 연구하는 민족들과 우리는 이런 면에서 상당히 동떨어져 있기도 합니다.

이런 결별은 철회할 수 없는 것일까요? 인구 재앙이나 핵전쟁으로 인류의 4분의 3이 사라질지 모릅니다. 이 경우 4분의 1은 제가 말한 소멸이 진행되고 있는 사회와 그리 다르지 않은 생존 조건을 맞게 될 겁니다.

그러나 이런 끔찍한 가설을 버리고, 다음처럼 생각해볼 수 있습니다. 만일 각 사회가 각자 대가를 치르며 거대해지면, 사회들은 서로 비슷해지는 경향을 띠게 될 것입니다. 유사한 점들이 생기는 축이 있지만, 그와는 다른 축 위에 자리한 차이들도 있습니다. 다만 그 차이들은 어쩔 수 없이 파생된 것일 겁니다. 아마도 '다양성의 최적 상태optimum de diversité'가 존재할 것입니다. 이것은 언제 어디서든 인류가 살아남기 위해 인류에게 부여되는 다양성의 최적 상태일 것입니다. 이런 최적 상태는 사회의 수에 따라, 그 수적 중요성에 따라, 또 지리적 거리와 그 사회가 사용하는 소통 수단에 따라 변할 것입니다. 왜냐하면 다양성의 문제는 이제 단순히 상호적 관계 안에서 구체화되는 문화들로 국한되지 않기 때문입니다. 가령 카스트나 계급, 직업적·종교적 환경 등에서 동질적이지 않은 집단이나 소집단 들에게는 그 사회 내에서의 차이가 더 중요한 의미를 갖습니다. 사회의 규모가 커지고 동질적인 면이 생겨도 그 사회 안에서 다시 내적 다양성이 촉발될 수 있다는 것입니다.

아마도 인간은 지리적으로 멀리 떨어져 있기 때문에 서로 다른 문화를 만들게 되었을 겁니다. 특히 그들이 사는 환경에서 특별한 성격들이 생겨납니다. 다른 유형의 사회들에 대해서는 전혀 모른 채 말입니다. 그러나 격리로 인한 차이점이 아니라 인접성에 기인한 차이점도 있는데, 그것은 상반되고자 하는 욕망, 자기 자신을 타자로부터 구분하려는 욕망에서 비롯된 것입니다. 많은 인습들은 내적 필요성이나 이로운 사건에 의해서만 생기는 것이 아니라, 이웃 집단과 가만히 대면한 채로만 있지 않겠다는 의지로부터도 생겨납니다. 자기만의 규칙을 세우기를 바라거나, 사고나 활동에 있어 다른 누군가의 기준에 복종하기를 원치 않는 것입니다.

인류학자는 문화의 차이점에 관심을 갖고 이를 존중하는

데, 인류학 연구 방식의 핵심이 이것이기 때문입니다. 인류학자는 각각의 사회를 기분과 취향에 따라 요리 목록을 나열하듯이 다루지 않습니다. 그렇게 하면 어떤 불안전함이나 누락이 보이기 때문입니다. 각 사회에 맞는 고유한 형식이 있을 뿐이며, 그것이 반드시 다른 사회로 옮겨질 수 있는 것도 아닙니다.

인류학자는 각 사회가 자기의 제도와 풍속과 신앙만이 유일한 것이라고 믿지 말 것을 권유합니다. 자기 사회가 좋고, 자기 제도와 풍속, 신앙이 만물의 본성이며, 다른 사회의 가치 체계가 자기 세계와 양립할 수 없다고 생각하지 말 것을 강조합니다.

이전에 저는 인류학의 가장 큰 야망은 한 개인이나 정부가 어떤 지혜를 갖게 하는 것이라고 말했습니다. 일본 점령 기간 동안 맥아더 장군의 공보관을 지내기도 한 미국 인류학자의 증언이 있는데, 그보다 좋은 사례가 없을 것 같습니다. 이 인류학자가 바로 루스 베네딕트Ruth Benedict인데, 그녀는 한 인터뷰에서 1946년 출판된 그 유명한 책《국화와 칼The Chrysanthemum and the Sword》이 어떻게 미국 점령군으로 하여금 처음 계획과는 다르게 일본에 천황 제국주의를 폐지할 것을 굳이 강요하지 않게 만들었는지 이야기하고 있습니다. 제가 알기로는 루스 베네딕트는 그 책을 쓰기 전 일본에 한 번도

가본 적이 없습니다. 베네딕트는 전혀 다른 분야에서 일을 하는 사람이었습니다. 그녀는 인류학자였고, 바로 그렇기 때문에 믿을 수 있던 인류학적 정신과 영감과 방법론을 통해, 사전 경험이 전혀 없는 문화에 다가가 밖에서 그 문화의 구조를 파악할 줄 알았던 것입니다. 그럼으로써 이를 통해 군사적 패배라는 결과보다 훨씬 비극적이었을 수도 있을 전면적 붕괴를 피하는 방법을 알게 되었던 겁니다.

인류학은 우리 문화와 비교해보았을 때 너무나 충격적이고 비합리적으로 보이는 다른 문화의 풍속과 종교도 하나의 체계라는 것을 깨닫게 합니다. 몇 세기가 흐르면, 어떤 체계든 그 체계의 내적 균형이 생깁니다. 혹여나 이 전체에서 한 요소는 제거할 수 있어도 나머지를 다 파괴하는 것은 절대 불가능합니다. 인류학이 더 많은 다른 가르침을 가져다주지 않는다 해도, 인문학과 사회학 사이에서 점점 더 중요한 자리를 차지하고 있는 것은 사실입니다.

세 가지 현안:
성性, 경제발전, 신화적 사고

첫 강연에서는 현대인이 직면한 문제들을 정의하고 파악하며, 문자 없는 사회에 대한 연구가 부분적으로 해답을 제시할 수 있을 거라는 말씀을 드렸습니다. 이를 위해 이 사회들을 세 가지 측면에서 고찰해보아야 합니다. 첫째로 가족 및 사회조직, 둘째로 이 조직의 경제생활, 그리고 마지막으로 종교적 사고입니다.

인류학자들이 연구하는 사회의 공통적 성격을 매우 일반적인 관점에서 볼 때, 한 가지 확정적인 사실이 있습니다. 지난 강연에서도 짧게 지적했지만, 이런 사회는 오늘날에는 없는 훨씬 체계적인 방식의 친자관계를 갖고 있습니다.

첫째로 이런 사회에서는 집단에 소속되어 있는지 아닌지가 친자관계나 결혼관계에 따라 정해집니다. 이런 사회들 대부분은 외부 민족에게 이른바 인간이라는 '자질qualité'을 부여하지 않습니다. 그리고 만일 이것이 자기 집단 내에서만 주어져야 한다면, 더 보완되어야 할 자질은 자기 집단 내에서 강화시켜 충당해야 합니다. 이 집단의 구성원들에게만 이 자질이 주어질 뿐 아니라, 그들만이 유일하게 진실하고 유일하게 뛰어납니다. 그들은 단순한 동향인이 아니라 사실에서나 법률적으로나 친족이며 혈족입니다.

둘째로 이런 사회들은 친자관계 혹은 이 친자관계에 선행하거나 이와 무관한 생물학적 관계 같은 개념들을 지키려고 합니다. 그러니까 오늘날 우리는 되도록 축소하려고 하는 혈연관계 같은 것을 말입니다. 생물학적 관계는 하나의 모델을 제공하고, 그 모델에 따라 친자관계가 파악되면, 사고에도 논리적 분류의 틀이 제공됩니다. 이 틀이 한 번 만들어지면 미리 설정된 범주 안에 개체들, 즉 개인들을 배치하는 것이 가능해집니다. 이렇게 하여 가족과 사회 내에 각자 자기 위치를 갖게 되는 것입니다.

마지막으로 이런 관계와 개념은 삶과 사회적 활동 전반에 있습니다. 실제적이든 가정이나 추론에 의한 것이든, 각기 다른 친자관계 유형 속에 권리와 의무가 분명하게 정해져 있습니다. 더 일반적으로 말하면, 친자관계와 결혼관계는 단순히 가족적인 것만 아니라 경제적·정치적·종교적인 모든 사회관계를 표현하는 데 있어 적절한 공통 언어가 됩니다.

생모와 대리모, 그리고 사회적 계통

인간 사회에 부과된 최초의 요구 조건은 종족 번식, 즉 인간 사회의 지속성을 유지하는 것입니다. 모든 사회에는 소속, 즉 한 집단 내의 새로운 구성원을 정의할 수 있게 해주는 친자관계 규칙이 있습니다. 부모 및 부계혈통, 인척관계 등은 친족관계 체계를 통해 결정됩니다. 마지막으로 누구와 결혼을 할 수 있고 할 수 없는지의 조항들이 명기되면서 모계혈통 양식과 그 규칙이 만들어집니다. 모든 사회에는 불임을 치료할 수 있는 기능이 있어야 합니다.

서구 사회에서 불임 치료는 출산을 보조할 수 있는 과학적·인공적 수단이 개발되면서 아주 첨예한 문제로 대두되었습니다. 일본에서도 그런지는 잘 모르겠지만, 지금 유럽이나 미국, 오스트레일리아 등에서는 사람들이 이 문제에 많은 관심을 보이고 있습니다. 이 문제를 본격적으로 토론하기 위한 공식 위원회가 있을 정도입니다. 의회와 언론, 여론도 큰 목소리를 내고 있습니다.

그렇다면 무엇이 관건일까요? 이제는 한쪽 혹은 양쪽 모두가 불임인 부부가 다양한 방법을 사용하여 아이를 갖는 것이 가능해졌습니다(혹은 몇몇 절차를 거치면 곧 가능해질 것입니다). 인공수정, 난자 기증, 자궁 대여 또는 임대, 냉동 배아, 남편이나 다른 남자의 정자를 통한 시험관 수정, 또는 아내나 다른 여자의 난자를 통한 시험관 수정 등등이 그 방법들입니다.

이 같은 조작으로 태어난 아이들은 경우에 따라 정상적으로 아버지 하나와 어머니 하나를 갖거나, 어머니 하나와 아버지 둘, 어머니 둘과 아버지 하나, 어머니 둘과 아버지 둘, 어머니 셋과 아버지 하나, 아니면 심지어 어머니 셋과 아버지 둘을 가질 수 있습니다. 여기서 아버지는 낳아준 아버지와 같은 사람이 아닐 수 있습니다. 세 여자가 개입될 수도 있습니다. 난자를 기증한 여자, 자궁을 빌려준 여자, 그리고 법적 어머니가 그들입니다.

이게 다가 아닙니다. 다음과 같은 상황에 직면할 수도 있습니다. 한 여자가 죽은 남편의 냉동 정자로 인공수정을 할 수 있습니다. 또는 두 동성애자 여성이 있는데, 그중 한 여성의 난자와 어떤 익명 기증자의 정자로 인공수정을 한 다음, 이 배아를 다른 여성의 자궁에 착상시킬 수 있습니다. 이로써 두 여성이 아이를 가질 수도 있는 것입니다. 또는 증조할아버지의 냉동된 정자를 이용하여 한 세기 후에 증손녀를 임신시키는 것은 어떨까요? 그렇게 탄생한 아이는 자기 어머니의 종조부이자 자신의 증조할아버지의 형제가 될 것입니다.

이 문제는 두 가지 차원에서 생각해볼 수 있습니다. 하나는 법적 성격, 다른 하나는 심리적·정신적 성격입니다.

첫 번째 경우, 유럽 국가의 법들은 서로 상반됩니다. 영국 법률에서는 사회적 친자관계가 존재하지 않습니다. 존재하더라도 '법적 의제擬制'로서입니다. 정자 기증자는 아이에 대해 법적 권리를 요구할 수 있고, 자식의 부양 비용을 대야 할 수도 있습니다. 프랑스에서는 반대로 고대 로마의 옛 속담 "어머니의 남편이 아버지이다"에 충실한 나폴레옹 법전에 의거하여, 어머니의 남편은 자식의 법적 아버지입니다. 그러나 프랑스 법률에는 다소의 자기모순이 있는데, 1972년 법률은 친권을 찾으려는 행위를 허가하고 있기 때문입니다. 사회적 아버지냐, 생물학적 아버지냐. 무엇이 더 우세한가에 대해서는 솔직히 명확히 알 수 없습니다.

현대사회에서는 물론 생물학적 관계에서 유래한 친자성이 사회적 관계의 친자성보다 우세하다는 생각이 있습니다. 그러나 이른바 인공 출산 같은 보조 출산이 제기하게 될 그 수많은 문제들을 어떻게 해결할 수 있을까요? 법적 아버지가 자식을 낳은 아버지가 아니라면, 또는 사회적·도덕적 용어 및 의미에서 어머니이긴 한데 그 어머니가 난자를 제공하지 않았고 임신을 위한 자궁도 제공하지 않았다면 어떨까요?

사회적 부모와 생물학적 부모의 권리와 의무는 어떻게 될까요? 만일 자궁을 빌려준 여자가 무언가 잘못되어 아이가 건강하지 못하게 태어났다면, 그래서 이 일을 요청한 부부가 그 아이를 거부한다면 법정은 어떤 판결을 내리게 될까요?

혹은 정반대로 한 남자의 정자로 임신한 여자가 생각을 바꾸어 그 아이를 자기 자식으로 삼고 싶다면요?

요컨대 그게 무엇이든 간에 이런 일들이 자유롭게 실행 가능해지는 순간부터, 법률은 어떤 것을 허가하거나 금지하게 될까요? 영국에서는 (그 위원장의 이름을 따라 만든) 이른바 워녹 위원회가 있습니다. 이 위원회는 유전적 모성, 정신적 모성, 사회적 모성 사이의 엄격한 구분을 위해 자궁 대여 금지를 권고한 바 있습니다. 그리고 이 세 가지 가운데 어머니와 자식 간의 가장 내밀한 관계를 만드는 것은 정신적 모성이라고 말했습니다. 프랑스인 대다수가 불임 문제를 해결하기 위해 결혼한 부부에 한해서 이와 같은 인공수정을 인정하는 반면에, 사실혼 관계로 살고 있는 부부나 죽은 남편의 냉동 정자로 수태하기를 희망하는 여자의 경우는 인공수정을 인정해야 하는지 아닌지 아직 결정되지 않았습니다. 부부가 자식을 갖고 싶은데 여성이 폐경기라 인공수정을 하는 것이나, 독신 여성이나 동성 부부가 자식을 갖고 싶어 이를 이용하는 것에 대해서는 프랑스의 여론이 아직까지 부정적입니다.

정신적·도덕적 측면에서 가장 중요한 문제 가운데 하나는 투명성의 문제입니다. 정자나 난자 기증, 자궁 대여는 철저히 익명성을 지켜야 할까요, 아니면 사회적으로 맺어진 부모와 자식이 이 관여자의 정체를 알 수 있어야 할까요? 스웨덴에서는 익명성을 지키는 것을 포기했고, 영국도 이 같은 추세입니다. 반면 프랑스에서는 여론과 법률이 다른 방향으로 가고 있습니다. 투명성을 인정하는 나라에서도, 성관계의 문제와 출산의 문제를 분리하기 위해 실제로는 익명성에 동의하고 있습니다. 가장 단순한 사례로 한정하기 위해 정자 기증만 보면, 그 행위는 연구실에서만 허용되고 의사의 관여 아래이루어져야 한다는 것이 우세한 여론입니다. 그것이 기증자와 수여자의 개인적 접촉 및 감정적이고 성애적인 느낌의 공유가 완전히 배제되는 인공적인 방법이라는 것입니다. 그런데 정자 기증이든 난자 기증이든, 익명성 안에서 이루어지는것이 우려되는 이유는 범보편적인 인간사와 상반되는 것 같아서입니다. 우리 사회에서도 이런 종류의 일은 생각보다 '가족적'인 것이 될 수 있습니다. 발자크Honoré de Balzac가 1843년에 쓰기 시작했으나 완성하지 못한 소설을 인용해보겠습니다. 당시에는 사회적 편견이 지금의 프랑스보다 훨씬 많았습니다.《프티부르주아Les Petits Bourgeois》라는 의미심장한 제목의매우 실화 같은 이 소설은 서로 돈독하게 지내는 두 친구 부부의 이야기를 들려줍니다. 한 부부는 임신이 가능하지만 다른 부부는 불임입니다. 임신 가능한 여자는 불임인 여자의 남편과 관계를 맺어 아이를 낳습니다. 이 결합으로 태어난 딸은같은 집에 거주하는 이 두 부부의 똑같은 온정을 받으며 자랍니다. 이들 주변에 사는 사람들은 모두 이 상황을 너무나 잘 알고 있습니다.

생물학의 진보로 가능해진 새로운 인공수정 기술이 현대인의 사고에 혼란을 가져온 건 사실입니다. 사회질서 유지에 관심을 두는 우리의 법적 개념과 도덕적·철학적 믿음으로는 이런 새로운 상황에 대한 답을 찾을 수 없음이 드러났습니다. 이제는 분명히 구분되고 있는 생물학적 친자관계와 사회적 친자관계 사이의 관계를 어떻게 정의할 수 있을까요? 성관계와 생식 및 출산의 분리에 대한 도덕적·사회적 결과는 어떤 것일까요? 이것을 인정해야 할까요? 아니면 '혼자서' 생식 및 출산을 하는 개인의 권리만은 인정하지 말아야 할까요? 자식은 자신의 출신 인종과 유전자 건강에 관한 주요 정보에 접근할 수 있는 권한이 있을까요? 대부분의 종교 신자들이 신이 주관한다고 주장하는 자연의 법칙을 넘어서는 것이 어느 정도 허용되고 또 제한되어야 할까요?

처녀와 동성 부부를 위한 인공수정

이런 문제들에 대하여 인류학자는 할 말이 많습니다. 왜냐하면 인류학자가 연구하는 사회들이 이런 문제를 제기하고, 해결책 또한 제시하기 때문입니다. 물론 이 사회들은 시험관 수정, 난자나 배아의 적출, 이식, 냉동 등의 인공수정 기술에 대해서는 모릅니다. 그러나 이에 상응하는 형식을 상상하고 실행했습니다. 적어도 법적·정신적 측면에서는요. 몇 가지 예를 들어보겠습니다.

기증자에 의한 수정의 예는 아프리카의 부르키나파소의 사모 부족에게서 볼 수 있습니다. 이는 콜레주 드 프랑스의 제 후임이자 동료 교수인 프랑수아즈 에리티에-오제Françoise Héritier-Augé 여사가 연구한 내용입니다. 이 부족사회에서 모든 소녀는 아주 일찍 결혼합니다. 그러나 남편의 집에 살러 가기 전, 애인을 골라서 길면 3년까지 함께 지내야 합니다. 이것은 공식적으로 인정이 됩니다. 애인과의 사이에서 낳은 첫 아이를 남편에게 데리고 가는데, 이 합법적 결합의 첫 아이로 간주됩니다. 남편의 경우에는 합법적으로 아내를 여러 명 둘 수 있습니다. 만약 아내들이 남편을 떠나도, 그 남편은 아내들이 낳은 모든 자식들의 법적 아버지로 남습니다. 또 다른 아프리카 부족에서는, 남편은 앞으로 태어날 모든 자식들에 대한 권한을 갖습니다. 다만 이 권한은 남편이 아내와 산욕기 이후의 첫 성관계를 맺어야 다시 생겨납니다. 이 성관계로 다음 아이의 합법적 아버지가 될 자격이 주어지는 것입니다. 결혼한 남자의 부인이 불임이라면, 그 불임의 아내가 지명한 임신할 수 있는 여자와 비용을 지불하고 관계를 가질 수 있습니다. 이 경우 법적 남편은 수정을 행하게 되고, 여자는 자신의 배를 다른 남자 혹은 자식 없는 부부에게 세를 주듯 빌려줍니다. 그런데 프랑스에서 불이 붙은 문제는 자궁의 대여자가 그것을 무료로 해주느냐 아니면 보수를 받느냐 하는 것이었습니다.

제가 1938년 방문한 브라질의 투피-카와히브 원주민은 한 남자가 동시에 혹은 연속해서 여러 누이들과 결혼할 수 있습니다. 또한 어머니와도 결혼할 수 있고, 이전 결혼으로 낳은 딸과도 할 수 있습니다. 이 여자들은 그들의 자식들을 공동으로 키웁니다. 그런데 흥미로운 점은 키우는 아이가 자기 자식이냐, 남편의 다른 아내의 자식이냐에 대해서는 거의 아무런 신경도 쓰지 않는다는 것입니다. 이와 대칭되는 상황이 티베트에서 나타나는데, 여기서는 여러 명의 형제가 단 한 명의 아내를 공유합니다. 자식들은 형제 중 장남의 아이로 인정되고, 아이들도 그를 아버지라 부릅니다. 그리고 다른 남편들은 삼촌이라 부릅니다. 이 경우에는 개인적 부계 혹은 모계는 무시되거나 염두에 두지 않습니다.

아프리카로 다시 돌아와 보면, 수단의 누에르족은 불임 여성을 남성과 동일시합니다. '부계의 삼촌' 자격으로, 불임 여성은 여자 조카가 결혼할 때 '신부 값'으로 가축을 받습니다. 이 불임 여성은 그것을 아내를 사는 데 씁니다. 그 가축을 받은 여자는 한 남자(흔히 이방인)와 자식을 낳아 그 불임 여성에게 줍니다. 나이지리아의 요루바족에서는 부유한 여자들이 아내를 얻을 수 있습니다. 얻어서 남자와 살림을 차리게할 수 있습니다. 그래서 자식이 태어나면 그 부유한 여자는법적 '남편' 자격으로서 그 자식을 요구할 수 있습니다. 그런데 실제 낳은 이들이 만일 마음이 바뀌어 그 자식을 원하면,그 부유한 여자에게 상당한 비용을 지불해야 합니다.

이 모든 사례에서 두 여자 커플은 문자 그대로 우리가 현대사회에서 동성 부부라고 부르는 사람들이 자식을 갖기 위해 보조 수단을 통해 출산을 하는 것과 같은 원리를 보입니다. 둘 중 한 여자는 합법적 아버지가 되고, 다른 여자는 생물학적 어머니가 되는 겁니다.

문자 없는 사회에는 프랑스 재판부가 금하는 '사후의' 인공수정에 상응하는 것이 있습니다. 영국의 워녹 위원회는 남편의 사망 이전에 어머니의 자궁 안에 태아 상태로 있지 않았던 아이에게는 아버지를 승계하거나 유산을 받는 것을 배제하는 법을 제안합니다. 수혼제嫂婚制는 수천 년 전부터 인정되어온 제도로서(고대 히브리 민족에게도 있었습니다), 동생이 죽은 형의 이름으로 아이를 낳는 것을 허용하거나 때로는 의무화하기까지 합니다. 제가 이미 언급했던 수단의 누에르족은만일 한 남자가 독신으로 혹은 자식 없이 죽으면, 가까운 친척이 고인의 가축으로 아내를 살 수 있습니다. 이는 누에르족이 '혼령 결혼'이라고 부르는 것으로, 고인의 이름으로 아이를 낳는 것을 허용하는 셈입니다. 왜냐하면 이 고인이 친자관계를 만들기 위한 결혼 보상금을 이미 마련해놓았기 때문입니다.

제가 제시한 모든 예를 보면, 자식의 가족적·사회적 위상은 법적 아버지(여성이라 하더라도)에 의해 결정됩니다. 이 아이가 자신을 낳아준 아버지의 정체를 안다 하더라도, 이들은 정으로 맺어진 관계로 결합되어 있습니다. 우리가 걱정하는 바와는 달리, 투명성은 아이에게 그의 생물학적 아버지와 사회적 아버지가 서로 다르다는 사실에서 기인하는 갈등을 야기하지 않습니다.

이런 사회에서는 죽은 남편의 냉동 정자로, 또는 이론적으로 말하자면 먼 조상의 냉동 정자로 인공수정을 함으로써 생기는 두려움 같은 건 없습니다. 더욱이 자식을 그 아이로 다시 태어나기로 결정한 어떤 조상의 환생으로 여기기도 합니다. 누에르족의 '혼령 결혼'은 자식을 낳지 못하고 죽은 이를 대신해 그 형제가 하는 결혼으로, 굳이 자기 비용을 치러 자식을 낳지 않아도 되게 하는 일종의 세련된 보완 장치라 할 수 있습니다. 고인의 이름으로 태어난 아들(생물학적 아버지인데도 이 아들을 조카로 간주합니다)은 생물학적 아버지를 마찬가지로 아버지가 아닌 삼촌으로 간주합니다. 법적 아버지의 형제인 이 생부가 낳은 다른 자식들은 법적으로는 그의 사촌들이 됩니다.

이런 예들을 든 이유는 현대 기술로 인해 생긴 상황들에 대한 비유가 될 수 있기 때문입니다. 다만 현대사회에서는 우리가 보기에도 난처한 생물학적 출산과 사회적 친자관계 사이의 갈등이 있지만, 인류학자가 연구하는 사회에서는 이런 갈등이 없습니다. 이런 사회는 사회적 관계를 절대적으로 우선시함으로써, 두 양상이 집단의 이념에서나 개인의 정서에서 충돌을 일으키지 않도록 만듭니다.

이 문제를 길게 늘어놓는 이유는, 제가 보기에 인류학적 연구가 사고 전환의 차원에서 현대사회에 기여할 수 있는 바가 분명 있다고 생각하기 때문입니다. 원시 부족의 이런저런 이국적 풍습을 받아들이자는 뜻이 아닙니다. 우리의 기여는 훨씬 소박한 것으로서, 두 방향에서 진행됩니다. 첫째, 인류학은 우리가 '자연스럽다'고 간주하는 것이 사실은 사물의 질서에 근거하고 있다는 점을 부각합니다. 이러한 점은 우리 문화에 고유하게 있는 제약이나 습관적 편견 등을 줄여줄 수 있습니다. 또한 우리의 눈가리개를 벗기고, 우리 사회에서는 감히 생각할 수도 없는 혐오스러운 추문으로까지 여겨지는 것들을 이해할 수 있게 해줍니다. 다른 사회가 왜 그리고 어떻게 그토록 간단하고 자연스럽게 그런 이상한 일을 행하는 지 이해할 수 있게 되는 것입니다.

둘째, 인류학은 인간의 실제 경험들을 아주 방대하게 수집합니다. 이것들은 인간이 실제 거주하는 곳에서, 그리고 수세기 동안 지속되어온 수천 개의 사회들로부터 나온 것입니다. 따라서 인간 본성에서 '보편적'이라고 볼 수 있는 것들을 끌어낼 수 있고, 인류학은 아직 불확실하지만 이런 것들이 어떤 틀 안에서 전개될 것인지 제안할 수 있을 것입니다. 그러나 그것들을 틀을 벗어난 비정상적이고 도착적인 것이라 미리 단정해서는 안 될 것입니다.

자궁 대여 및 인공수정에 대해 현재 활발하게 논의되고 있는 것은 이를 법제화하는 것이 적절한가, 한다면 무엇을 기준으로 어떤 맥락에서 할 것인가 하는 점입니다. 여러 국가의 공공기관에 의해 설립된 위원회나 기타 기관들은 여론을 반영하는 대표자, 법률가, 의사, 사회학자, 가끔은 인류학자들로 구성되어 있습니다. 인상적인 점은 모두 같은 방향으로 가고 있다는 것입니다. 이것은 허용하고 저것은 금지하는 식의 법제화를 서두르는 것을 모두 반대하고 있는 것입니다.

인류학자들은 너무 성급한 법률가와 도덕주의자 들에게 이른바 자유주의와 신중함을 조언하고 있습니다. 처녀나 독신자, 과부, 동성 부부 등이 생식 보조를 통해 출산을 실제로 하고 있거나 열망하고 있다는 사실에 여론은 가장 충격을 받고 있는데, 이와 유사한 것들이 다른 사회에서는, 즉 인류학자가 연구하는 사회에서는 그렇게 나쁘게 받아들여지지 않는다는 점을 설명할 필요가 있습니다.

인류학자들은 순리대로 내버려두기를 바랍니다. 각 사회마다 자체적으로 만들어내거나 없애버리는 내적 논리가 있게 마련입니다. 가족 및 사회 구조는 존속 가능하다고 증명된 구조입니다. 그리고 그것들 자체 내에 모순이 발생하면, 기존에 통용되던 것들이 더는 통용될 수 없다는 것을 스스로 논증하게 될 것입니다.

선사시대의 부싯돌과 산업사회의 연속공정

이제 두 번째 장으로 넘어가겠습니다. 경제생활에 관한 것입니다.

이 분야에서도 역시 인류학 연구의 주요 관심사는 우리 사회와는 매우 다른 모델을 보여주는 것입니다. 이로써 우리의 모델을 다시 생각할 수 있고, 때로는 이의를 제기할 수도 있을 것입니다.

인류학과 경제학의 경계에서 지난 몇 년 동안 격렬한 논쟁이 벌어졌습니다. 경제학 이론은 모든 사회에 적용되는가,

아니면 다만 우리 사회와 같은 시장경제 체제에만 적용할 수 있는가?

고대사회에서, 최근이나 현대의 농업 사회에서, 또한 인류학자가 연구하는 사회에서 우리가 경제적이라 부르는 양상들을 다른 양상들로부터 분리하는 것은 불가능합니다. 이런 사회 구성원들의 경제활동을 이익을 최대화하고 손실을 최소화하는 하나의 이성적 계산으로만 한정할 수는 없습니다. 노동은 단지 이익을 창출하는 것만이 아니라, (아마도 가장 중요한 점은) 공동체의 명예와 부에 기여하는 것입니다. 우리에게는 순전히 경제적 성격의 행위가 다른 사회에서는 기술적이고 문화적이며 사회적이고 종교적인 행위일 수 있습니다.

어느 정도는 우리에게도 이런 경우가 있지 않나요? 시장 사회의 모든 활동이 경제법칙과 관련된다면, 명백하게 그런 사안이 아닌 것에 대해서도 경제학이 예견하고 반응한다면, 경제학은 진정한 학문이 될 것입니다. 그런데 순전히 경제적으로 보이는 행동이라도 다른 요소들이 개입하면서 경제학만으로는 다 설명되지 않는 경우들을 보게 됩니다. 이런 다른 요소들은 소위 이성주의라는 가리개 뒤에 감춰져 있어 왜곡될 우려가 있습니다. 인류학이 연구하는 다른 사회들을 통해 이런 요소들이 얼마나 중요한지가 명확하게 밝혀질 것입니다.

그렇다면 우리가 연구하는 이런 다른 사회는 우리에게 무엇을 밝혀줄까요? 우선 우리가 생각하는 것과는 달리 그들에게는 생산 문제를 해결하는 놀라운 역량이 있습니다. 선사시대처럼 먼 옛날에도 인간은 큰 규모의 집단적 산업 활동을 할 줄 알았습니다. 프랑스, 벨기에, 네덜란드, 영국 등에 걸친 수십 헥타르의 광석 지대에서 규석 같은 부싯돌을 채취했는데, 아마 백여 명의 일꾼들이 조를 짜서 그 일을 했을 겁니다. 규석을 다듬는 일은 근대 공장의 연속공정 과정처럼 전문화된 일이었습니다. 어떤 작업장에서는 1차 원료를 대강 깎아내고, 다른 작업장에서는 이것을 나누어 잘라 파편으로 만들고, 또 다른 데서는 최종적인 형태를 만듭니다. 이렇게 만들어진 곡괭이, 망치, 도끼 등의 생산품을 수백여 킬로미터 떨어진 주변에 수출하면서 일종의 강력한 상업 조직을 만들어 냈습니다.

인류학은 몇 가지 자료들을 가지고 있습니다. 인류학은 오래전부터 가령 멕시코나 중앙아메리카의 사람들이 오늘날의 마야족 농민처럼 가족 단위의 작은 농사로 생존을 유지하면서 동시에 마야 도시와 기념비적 건축물들을 건설하는 노동까지 해냈을까 의문을 가졌습니다.

항공사진과 위성사진 덕분에 우리는 베네수엘라, 콜롬비아, 볼리비아 같은 마야 문명 및 남아메리카의 여러 지역에 고도로 발달된 농업 체계가 존재했음을 알게 되었습니다. 콜롬비아 같은 경우는 기독교 시대 초기부터 7세기에 이르는 시기로 그 기원이 거슬러 올라갑니다. 이 시기 말엽에 수천 개의 수로를 통해 물을 빼낼 수 있어 범람할 염려가 없고, 거기다 인공적으로 비탈면을 만들어 경작할 수 있는 20만 헥타르의 땅을 조성했습니다. 이러한 집약농업과 운하에서의 낚시를 통해 1제곱킬로미터당 인구 천 명 이상을 먹여 살릴 수 있었습니다.

그런데 인류학은 여기서 역설을 드러냅니다. 왜냐하면 이런 거대한 업적을 증명하는 일의 뒷면에는 이른바 생산성을 늘 염두에 두는 사고가 있기 때문입니다. 그렇지만 정반대의 측면도 존재합니다. 이들 혹은 다른 민족들은 부정적 과정을 통해 생산성을 제한하는 방법도 알고 있었기 때문입니다. 아프리카, 오스트레일리아, 폴리네시아, 아메리카 등에서는 전문화된 족장이나 제사장, 또는 조직된 질서유지 단체가 낚시와 야생식물 채취의 시작과 기한을 정하는 절대적 권력을 가지고 있었습니다. 과도하게 채취하고 수렵하는 자를 벌하는 동물 혹은 식물 종, 즉 일종의 초자연적 '스승'이 있다는 믿음이 주민 사이에 널리 퍼져 있어서, 이런 행동을 제한하고 규제할 수 있었습니다. 마찬가지로 모든 종류의 의례를 통해 규정과 금기를 만들어서, 사냥과 어획, 식물 채집 등을 결과에 책임져야 하는 무겁고 심각한 활동으로 여기게 했습니다.

그리하여 그 일을 하는 이들은 항상 신중하고 깊이 생각하고 행동했습니다.

인간 사회는 경제적 문제에 관해서는 매우 다양한 수준과 분야에서 여러 상이한 태도를 취합니다. 경제활동 모델은 하나가 아니라 여러 개가 존재합니다. 인류학자가 연구하는 생산양식들이기도 한 열매 따기, 채집, 사냥과 수집, 원예, 농업, 장인의 수공 등등은 그만큼 다양한 유형을 대변합니다. 우리는 흔히 그렇다고 믿지만, 사실상 이런 양식들이 연속적 단계를 거쳐, 우리가 본보기로 제안하기도 하는 가장 진보된 단 하나의 모델에 이르는 것은 아닙니다.

농업의 기원과 역할, 그리고 결과에 대해 토론해보면 이를 가장 잘 알 수 있습니다. 여러 보고서에 따르면 농업은 분명 진보합니다. 주어진 시간과 공간에서 더 많은 먹거리를 마련함으로써, 급속한 인구 팽창이 이루어지고 밀집된 주거 환경이 나타나며 사회는 더욱 부피가 커지는 동시에 늘어납니다.

그러나 퇴행도 있습니다. 첫 강연에서 지적했듯이, 농업은 섭취하는 음식의 질을 떨어뜨렸습니다. 즉 음식이 칼로리는 풍부하지만 영양소는 상대적으로 빈약한 몇 가지 산물로 제한되었다는 겁니다. 흉작이 한 번만 들어도 기근이 옵니다. 게다가 농업은 더 많은 노동을 요구합니다. 전염병의 전파에도 책임이 있을 수 있습니다. 아프리카에서 볼 수 있듯이, 시간과 공간의 측면에서 농업의 분포와 말라리아의 분포는 놀랍게도 일치합니다.

따라서 인류학이 경제 분야에 줄 수 있는 첫 번째 교훈은 경제적 활동의 유일한 형태는 존재하지 않고, 공통의 척도에 따라 배열할 수 없을 만큼 그 형태가 여러 가지라는 것입니다. 오히려 이런 다양한 형태가 가능한 해결책들 중 하나일 것입니다. 각자 이점이 있으나, 또한 그 대가를 치러야 합니다.

이런 관점에서 보면, 우리 문명의 현주소를 설정하는 데 어떤 어려움이 있습니다. 왜냐하면 우리는 소위 후진적인 혹은 미개발 사회라고 간주하는 사회들이 나타나면 19세기와 연관시키는데, 이때 한 가지 사실을 간과하고 있습니다. 이런 사회들은 우리가 직간접적으로 야기한 전복과도 같은 커다란 변화로부터 겨우 살아남았거나 훼손당한 채 폐허 상태로 남아 있는 것입니다. 16~19세기에 이국적인 지역과 그 지역 주민을 탐욕적으로 착취함으로써 서구 사회는 비약적인 발전을 할 수 있었습니다. 이른바 저개발 사회와 산업문명 간의 수상한 관계는 특히 다음과 같은 사실에서 드러납니다. 산업문명은 자신이 파생한 산물을 보면서도 부정적인 측면은 알아보지 못한다는 것입니다.

저개발 사회에서 뚜렷하게 나타나는 단순성과 수동성은 원래부터 그 사회에 있었던 것이 아니라, 애초에 우리의 개발에 의해 생겨난 결과물입니다. 우리가 이미 약탈당한 사회의 폐허로부터 다시 개발을 시작하고 발전시켜나갈 수 있게 한 건 그 다음 일이라는 겁니다.

저개발국의 산업화 문제를 비판하면서 산업문명은 처음부터 왜곡된 상을 갖게 되었는데, 수세기가 지나오는 동안 이것이 더욱 굳어졌습니다. 존재하기 위해서는 우선 파괴되어야 한다는 것이 그것입니다. 백인들이 가져온 질병에 대해 원주민 세계는 면역성을 지니고 있지 않았고, 결국 이 사회들은 점차 지도에서 지워졌습니다. 심지어 지구에서 가장 후미진 지역, 외부와 전혀 접촉이 없을 거라고 상상되는 곳에서도 병원균이 정말 놀라운 속도로 옮겨 다니면서 큰 피해를 주었습니다. 가끔은 엄격히 말하면 접촉이 일어나기 몇 십 년 전에 이미 그렇게 된 경우도 있습니다.

이런 맥락에서 1차 원료와 기술에 대해서도 같은 이야기를 해볼 수 있겠습니다. 오스트레일리아의 한 원주민 사회에 쇠도끼가 유입되면서 노동과 경제활동은 단순하고 용이해졌는데, 이로써 전통문화는 사라졌습니다. 여기서 상세히 다 말씀드릴 수는 없는 너무나 복잡한 이유들로, 금속 도구의 채택은 돌도끼의 소유나 전승 문제와도 연관되어 있는 경제적·사회적·종교적 제도를 붕괴시켰습니다. 닳거나 훼손된 도구 형태로, 가끔은 묘사할 길 없는 파편 조각으로, 철은 인간이

전쟁, 결혼, 물자 교환 때문에 하는 여행보다 더 빨리 더 멀
여행합니다.

'자연'의 모호한 성격

문화적 불연속성이 뚜렷하게 나타나는 지점에서 역사적
틀을 규정하고 나면, 이런 사회들이 왜 개발에 반대하는지 그
본질적 이유를 알 수 있습니다. 첫째, 이른바 원시사회는 대
부분 내적 갈등보다는 통일성을 선호합니다. 둘째, 그들은 자
연의 힘을 존중합니다. 그리고 마지막으로 그들은 역사적 미
래에 속박되는 것을 싫어합니다.

이들이 개발과 산업화에 저항하는 이유를 설명할 때 흔히
비경쟁적인 것을 좋아하기 때문이라고 합니다. 그러나 다음
을 잊어서는 안 됩니다. 그들을 비난할 때 언급하는 수동성과
무심함은 처음부터 그랬던 것이 아니라 접촉으로 인해 생긴
외상의 결과일 뿐입니다. 더욱이 우리에게 결핍이나 부족으
로 보이는 것을 통해, 그들 사이에 또는 그들과 세계가 맺고
있는 독창적인 관계도 파악해볼 수 있습니다. 이를 이해하기
위해 예를 하나 들어보겠습니다. 뉴기니에 살던 사람들은 선
교사를 통해 축구를 배웠고, 기꺼이 환호하며 그들의 놀이로
채택했습니다. 그러나 둘 중 한쪽의 승리를 추구하기보다는

각 진영의 승리와 패배가 균형을 이룰 때까지 경기를 계속 되풀이하는 방식을 택합니다. 우리처럼 승자가 나오면 경기를 끝내는 것이 아니라, 더 이상 패자가 없다는 확신이 들 때 경기를 끝냅니다.

다른 사회를 관찰해보면 역방향으로 가는 경우도 있습니다만, 이 역시 마찬가지로 진짜 경쟁 정신은 배제합니다. 전통적 경기가 산 자와 죽은 자를 대표하는 두 편 사이에서 벌어진다면, 반드시 산 자의 승리로 끝나야 할 겁니다.

어쨌든 원시사회들 대개가 다수결이라는 발상을 거부한다는 것은 인상적입니다. 원시사회는 혁신에 유리하도록 집단 내의 사회적 응집과 융화를 유지하려 애씁니다. 여기서 분쟁을 초래한 사안은 만장일치[1]의 결정이 나올 때까지 필요한 만큼의 회수를 거쳐 논의됩니다. 간혹 최종 결정이 나오기 전

---

1 [옮긴이] 레비-스트로스는 루소의 열렬한 독자로, 루소는《사회계약론》에서 이와 같은 만장일치론을 주장한 바 있다. 루소는 이 저작에서 정부의 월권행위를 막거나 늦추는 데 적합한 것은 정례 총회의 소집이라고 주장한다. 군주가 자기 법의 위반자이고 국가의 적이라고 선언하기 위해서는 만장일치를 통한 공동적 대의 및 보편적 의지가 필요하다는 것이다. 그런데 루소가 강조하는 것은 최종 결정에 따라 만장일치가 되는 것이 아니라, 최종 결정에 이르기 위해 만장일치 상태가 되어야 한다는 점이다. 그러나 현대 민주사회에서는 보편적 의지, 공동적 대의가 구현되기 위한 수단인 투표에서부터 만장일치가 구현될 길이 막혀버리고, 루소의 만장일치론은 이상적인 것으로 치부된다. 레비-스트로스는 루소가 주장한 만장일치론이 원시사회에서는 어느 정도 유사하게 존재했다고 보고 있다.

까지 할 수 있는 한 여러 번에 걸친 모의 전투가 벌어지기도 합니다. 이렇게 해묵은 분쟁이 해소되어야 비로소 투표가 이뤄지는데, 다시 신선해지고 새로워진 집단은 바야흐로 필요불가결한 만장일치를 구현해내는 것입니다.

많은 사회가 자연과 문화 간의 함수관계에 따라 이루어진다고 생각하면서, 원시사회가 개발에 저항하는 것도 설명하려 합니다. 왜냐하면 개발은 자연보다 문화를 더 통용시키는 것을 전제하고, 이 같은 문화에 부여된 우선권은 산업문명 같은 경우를 제외하곤 거의 잘 받아들여지지 않기 때문입니다. 아마도 모든 사회가 자연과 문화라는 두 지배 체제 사이에 분리가 존재한다고 인식하고 있을 겁니다.

아무리 소박해도 문명의 기술에는 각별한 가치가 부여됩니다. 음식을 익히고, 그릇을 만들고, 천을 짜는 일 등은 인간의 조건을 동물의 조건과 벌려 놓았습니다. 하지만 이른바 원시민족에게는 자연이라는 개념이 항상 모호합니다. 자연은 문화 이전의 것이며, 또한 문화의 아래에 있는 것입니다. 그러나 인간은 문화를 구축하고 나서, 그것을 바탕으로 조상과 정령의 신들과도 만나고 싶어 합니다. 자연이라는 개념에는 '초자연적'인 요소가 있는데, 자연은 문화 아래 있는 반면 이런 초자연성은 문화 위에 있습니다.

원주민의 사고에서 본질적인 것은 바로 인간과 초자연 세계 사이의 관계이기 때문에, 그들이 기술이나 제조품을 저평가하는 건 놀랄 일이 아닙니다. 고전적인 고대, 오리엔트와 동아시아, 또는 유럽 전통문화나 현대 원주민 사회 등지에서는 의례나 의식 행위 때 지역에서 만들어지거나 수입된 제조품을 사용하는 것을 금하는 경우를 많이 볼 수 있습니다. 대신 원료 순수 상태의 가공되지 않은 자연물이나 오래된 도구들만 허용됩니다. 교회나 이슬람의 사제에게 돈놀이가 금지되는 것처럼, 돈이나 다른 제조물을 사용하지 않음으로써 원시의 순수성을 보존하려고 하는 것입니다.

일종의 부동산 거래를 혐오하는 것도 마찬가지 맥락입니다. 북아메리카와 오스트레일리아의 가난한 원주민 공동체는 간혹 어마어마한 보상을 받을 수 있는데도 토지 양도를 오랫동안―어떤 사례에서는 항상―거부해왔습니다. 이것은 당사자들의 증언이기도 한데, 토지 양도를 거부하는 것은 조상의 땅에서 바로 '어머니'를 보기 때문입니다. 이런 추론을 더 밀고 가봅시다. 북아메리카의 5대호 지역의 메노미니 인디언은 이웃 원주민인 이로쿼이족의 농업 기술을 완벽하게 알고 있었지만, 그들의 주식인 쌀을 생산하는 데 그 기술을 적용하는 것을 거부했습니다. 경작이 그들의 '어머니인 땅에 상처를 줄' 수 있기 때문이었습니다.

자연과 문화의 대립은 성별 간의 노동 분업을 기초로 하고 있기도 합니다. 여러 다른 사회들을 비교하다 보면 다양한 규칙들이 나타나지만, 그중에는 다양하게 해석되고 다르게 적용되지만 결국 상수적인 요소가 있습니다. 많은 사회가 자연과 문화의 대립과 여성과 남성의 대립은 서로 상응한다고 봅니다. 여성에게는 자연의 질서와 같다고 해석되는 활동 형태가 부여됩니다. 가령 원예나 자연의 질료와 접촉하는 공예 같은 일, 손으로 그릇 만들기 등이 그것입니다. 반면 남성은 사회마다 각각 다르지만, 만들기 복잡해서 도구나 기계를 사용해야 하는 일을 맡습니다.

'우리 사회는 변화를 위해 만들어졌다'

'역사 없는 민족'에 대해 말하는 것은 두 측면에서 별 의미가 없습니다. 우리가 원시적이라 부르는 사회도 다른 사회처럼 역사를 가지고 있습니다. 그러나 우리와는 다르게 그 사회는 역사를 거부하고, 그 사회 내에서 역사적 변화를 일으킬 만한 모든 것을 제거하려고 애씁니다. 우리 사회는 변화를 위해 만들어졌습니다. 그것이 사회의 구조이자 기능입니다. 무엇보다 이른바 원시사회가 우리와 다르게 보이는 것은 사회 구성원들이 그 사회를 그대로 지속시키는 데 더 애를 쓰고 있는 것 같기 때문입니다. 한마디로 외부에 대한 개방성이

약합니다. 프랑스에서 말하는 '교구 정신l'esprit de clocher'이 그들을 지배하고 있습니다. 반면 그들의 내적 사회구조는 아주 촘촘한 편물 조직 같고, 그 외관은 복잡한 문명보다 훨씬 더 풍부합니다. 아주 낮은 기술적·경제적 수준의 사회가 더 편안하고 충만한 감정을 가질 수 있습니다. 각 구성원에게 살아갈 만한 가치가 있는 한 번뿐인 삶을 제공하는 것이 이들에게는 더 중요합니다.

30여 년 전, 저는 이른바 원시사회와 우리 사회의 차이점을 드러내기 위해 어떤 상image을 가지고 설명한 바 있습니다. 이것은 많은 비판을 받았지만, 제 생각에는 오해에서 비롯된 것 같습니다. 기계를 사용하는 사회가 있다고 합시다. 알다시피 두 가지 형태의 기계가 있습니다. 역학적 기계와 열역학적 기계가 그것입니다.

역학적 기계는 처음 공급된 에너지를 그대로 이용합니다. 만일 그 기계가 완벽하게 만들어져 있다면, 마찰이나 가열 작용 없이 이론상 무한히 기능할 수 있습니다. 반대로 증기기관 같은 열역학 기계는 가열기와 냉각기의 온도 차에 의해 작동합니다. 다른 기계보다 훨씬 더 많은 일을 할 수 있지만, 에너지 자체를 소비하면서 점진적으로 에너지를 파괴합니다.

훨씬 크고 복잡한 우리 현대사회는 증기기관 같은 '뜨거운' 사회라면, 인류학자가 연구하는 사회는 정밀한 시계 같은 '차가운' 사회입니다. 무질서(물리학자가 말하는 '엔트로피')를 거의 생산하지 않는 사회로서, 자신의 초기 상태(혹은 초기 상태라고 상상하는 상태)를 무한히 유지하는 사회입니다. 밖에서 보면, 이런 사회에는 역사도 없고 진보도 없는 것처럼 보입니다.

우리 사회가 열역학 기계만을 대량으로 사용한다는 것이 아니라, 우리 사회의 내적 구조가 비유적으로 증기기관을 닮았다는 뜻입니다. 증기기관에서 열의 원천과 냉각 사이에서 관찰되는 것과 비교할 만한 반목들이 반드시 존재합니다. 우리 사회는 잠재적 차이가 있어야 기능합니다. 역사적으로 보아도 노예제도, 봉건제, 계급 구분 등등의 이름으로 사회적 서열이 존재해왔습니다. 이 사회들은 그 한가운데에서 불균형을 만들어내고, 그 불균형 상태를 유지하려고 합니다. 그것은 훨씬 더 많은 질서—산업문명—를 생산해내지만, 동시에 사람들 사이의 복잡한 관계를, 즉 더 많은 엔트로피를 만들어냅니다.

그러므로 인류학자가 연구하는 사회는 엔트로피가 낮은 체계일 수 있습니다. 역사적 온도로 보자면 절대 영도 가까이에서 작동합니다. 우리가 역사가 없는 사회라고 표현하는 것도 바로 그래서입니다. 우리 사회처럼 '역사가 있는' 사회란 경제적·사회적 불평등으로 인해 내부 온도의 큰 차이가 있는 사회입니다.

물론 사회는 항상 양면을 지니고 있습니다. 중국 사상에서 말하는 음과 양의 원리처럼 말입니다. 이 두 원칙은 서로 대립하기도 하고 서로를 보완하기도 합니다. 그러나 항상 양 속에 음이 있고, 음 속에 양이 있습니다. 사회는 일종의 기계면서, 그 기계가 제공하는 노동이기도 합니다. 사회는 증기기관처럼 엔트로피를 만들어내고, 모터처럼 질서를 만들어냅니다. 질서와 무질서라는 두 측면은, 우리가 문명이라 볼 수 있는 두 가지 방식과 상응합니다. 문화와 사회가 바로 그것입니다.

문화가 인간과 세계의 관계상이라면, 사회는 이 같은 인간들끼리의 관계상이라 할 수 있습니다.

문화는 질서를 만들어냅니다. 우리는 땅을 경작하고, 집을 짓고, 물건을 만들어냅니다. 반면 우리 사회는 많은 엔트로피를 만들어냅니다. 그 힘을 소비하고 탕진하며, 사회적 갈등과 정치적 투쟁, 개인들 간의 심리적 갈등 속에 지쳐갑니다. 애초에는 가치로서 존재했던 것들이 완전히 다 쓰이고 소진되면서 없어집니다. 누군가는 우리 사회가 점차 뼈대를 잃고 산산조각 나고 있다고 말할지도 모릅니다. 서로 교환 가능한 익명의 원자들이, 사회를 구성하고 있는 개체들이 점점 감소됩니다.

우리가 '원시적'이라 부르는 혹은 문자 없는 민족은 문화라고 해봤자 극히 적은 질서 체계만을 만들어냅니다. 이런 이유 때문에 저개발 민족이라 부르는 것입니다. 이들은 아주 적은 엔트로피만을 만들어냅니다. 이런 사회들은 대체로 앞서 제가 묘사한 것처럼 만장일치 규칙을 따르고, 열역학이 아닌 역학적 기계의 성격을 가지므로 평등합니다.

반대로 문명사회는 기계나 무수한 과학기술의 응용이 보여주는 것처럼 문화 안에 수많은 질서를 만들어냈지만, 또한 사회 안에 수많은 엔트로피도 만들어냈습니다.

이상적인 것은 아마도 분명 제3의 길에 있을 겁니다. 사회 안에 엔트로피가 늘어나는 데 따른 대가를 치르지 않으면서, 문화 안에 더 많은 질서를 만들어내는 길 말입니다. 달리 말하면 19세기 초 프랑스의 생시몽Claude Henri de Saint-Simon 백작이 권장한 "인간의 정부에서 사물의 행정으로"가 그것입니다. 이런 계획을 구상하면서, 생시몽은 문화와 사회의 인류학적 구분을 예견했으며, 또한 우리 눈앞에 지금도 전기기술의 발전으로 진행 중인 혁신도 예견했습니다. 옛날에는 인간을 기계화시켜 진보를 이루었지만, 이제는 좀 더 지혜로운 문명, 가령 우리가 로봇과 함께 시작하고 있는 것처럼 기계를 인간화하는 문명으로 이행할 수 있지 않을까요? 문화가 진보를 이뤄내는 책무를 온전히 지게 되면, 사회는 진보를 위해 인간이 노예가 되기를 강요했던 천 년의 저주로부터 해방될 것입니다. 역사가 독자적으로 만들어지고 사회가 역사 바깥과 위쪽에 자리하게 되면, 다시 한 번 투명성과 내적 균형을 이룰 수 있게 될 것입니다. 가장 덜 타락한 이른바 원시사회는 그것이 인간 조건과 모순되지 않는다는 것을 증명해주고 있습니다.

이런 관점이 비록 유토피아적이어도, 인류학은 그것을 가장 고등하게 합리화할 수 있는 방안을 찾고자 할 것입니다. 왜냐하면 인류학은 그것이 연구하는 삶과 사고 형태들에 대해 단지 역사적이고 비교적인 측면에서만 관심을 갖는 게 아니라, 관찰하고 분석한 내용을 가지고 인간이 더 지속 가능할 수 있는 방법을 알려주기 때문입니다.

제가 앞서 말한 두 유형의 사회에 대한 비교로부터 훨씬 직접적이고 실제적인 교훈을 이끌어낼 수 있습니다.

첫 번째로 끌어낼 수 있는 교훈은 다음과 같습니다. 근대의 산업 및 경제의 시각에서 보면 경제활동 양식 가운데 개발에 방해가 되는 일종의 고대적인 흔적도 있는데, 이것을 없앨 것이 아니라 존중하고 신중하게 다뤄야 한다는 것입니다.

실례로 요즘 유전자원이 되는 재래종을 보존하기 위해 유전자은행을 세우기 위한 노력을 하고 있습니다. 그 종은 우리와는 전혀 다른 생산양식을 통해 수천 년에 걸쳐 생성된 것입니다. 화학비료를 써서 수확은 많아져도 병원균에는 더욱

취약해진 몇몇 종들 대신에 이런 재래종을 써서 농업 위기를 타개해볼 수도 있을 것입니다.

더 나아가 이런 고대적 생산양식의 결과를 보존하는 데 그치지 않고, 그 결과를 만들어낸 대체 불가능한 방법(영어로는 이른바 노하우)을 강구해야 하지 않을까요? 이를 통해 인간은 과거로 회귀를 바라지 않고서도 멸종하지 않을 수 있지 않을까요?

또한 이런 생산과정 속에 있는 심리적이고 사회적이며 도덕적인 요인을 보존하거나 복구할 때, 우리 경제의 미래가 있지 않을까 자문하게 됩니다. 산업사회학의 전문가들은 객관적 생산성과 주관적 생산성 사이에 모순이 있다고 말합니다. 객관적 생산성은 업무의 분할과 퇴화로 생산물과 생산자가 서로 분리되고 노동에서 각자가 주도권을 상실하게 만듭니다. 주관적 생산성은 노동자가 자신의 개성과 창조 욕구를 표현하게 만듭니다. 한 가지 예만 들어봅시다. 한 멜라네시아 원주민 남자는 보란 듯이 뻐기면서 사회 규율에 따라 누이는 집안일을 하고 자신은 마당 텃밭에서 자라는 참마를 돌본다고 말합니다. 그는 자신이 그 일을 하는 이유가 아주 큰 참마를 길러낼 수 있어서이기도 하지만, 농경을 주관하는 자연의 신과 자신이 잘 통하기 때문이기도 하다고 합니다. 기술적인 일인 동시에 문화적·사회적·종교적인 일에 전념하기 때문에,

이 원주민 남자는 삶의 활력을 느낄 수 있었습니다.

혹시나 경제학자가 이 사실을 잊게 될 경우 인류학이 상기시키고자 하는 것은, 인간이 오로지 더 많은 생산에만 고무되지 않는다는 것입니다. 인간은 노동을 통해 자기 깊은 본성에 뿌리박고 있는 어떤 열망들을 충족시키고 싶어 합니다. 한 개인으로서 성취하고, 재료에 자신의 흔적을 남기고, 자신의 작업을 통해 자신의 주관성을 객관적 표현으로 드러내고자 하는 것입니다.

이 모든 것들이 이른바 원시사회가 우리에게 가르쳐주는 것입니다. 원시사회는 도덕적·사회적 가치가 생산된 부의 총량을 변환시킨다는 원칙에 기초하고 있습니다. 노동을 통해 친척과 이웃 들의 존중을 받고, 도덕적·사회적 명예를 얻고, 인간과 자연·초자연 세계 사이의 조화를 느낍니다. 인류학적 고찰을 통해 인간 본성을 구성하고 있는 이런 다양한 요소들의 조화가 필요하다는 것입니다. 이를 파괴하는 산업문명의 위험이 도처에 있습니다. 인류학은 우리로 하여금 이 점을 경계하게 하고, 조화를 되찾을 수 있는 길을 제시해줄 것입니다.

과학적 사고·역사적 사고·신화적 사고의 유사성

시간이 많이 지체되었으니, 이제 제 강연의 세 번째 장으로 넘어가 다소 짧게 요약해보겠습니다. 인류학이 연구하는 주민들 사이에서 가장 흔히 통용되는 종교적 개념들로부터 우리가 배울 수 있는 게 있습니다.

인류학자에게 종교란 아주 방대한 표상들의 목록으로 이루어지는데, 그 목록은 신화와 의례 등의 형태로 매우 다양하게 조합되어 있습니다. 신자의 시각이 아니라면, 이런 조합들은 우선 비합리적이고 임의적으로 보일 겁니다. 따라서 문제는 설명할 수 없는 것을 단순히 묘사하는 데 그칠 것이냐, 아니면 종교나 종교 행사와 관련된 풍속 등에서 뚜렷하게 보이는 무질서함 뒤에 숨어 있는 어떤 일관된 것을 알아보느냐 하는 것이 됩니다.

제가 알고 있는 브라질 중부 원주민의 신화를 가지고 먼저 논의를 시작해보겠습니다. 제가 생각하기에 비록 이 신화들 각각은 어떤 논리도 없는 기이한 이야기의 외양을 띠지만, 개별적인 신화가 전하는 내용과는 달리 신화들 사이에는 보다 단순하고 훨씬 이해하기 쉬운 관계들이 분명 있습니다.

철학적 또는 과학적 사고가 개념들을 만들어내고 연결시키면서 사고를 하는 반면, 신화적 사고는 감각적 세계에서 차용한 이미지들의 도움을 받습니다. 개념들 간에 관계를 세우는 대신, 하늘과 땅, 땅과 물, 빛과 어둠, 남자와 여자, 날것과 익힌 것, 신선한 것과 썩은 것 등등을 대립시킵니다. 그것은 감각적 특성의 논리, 즉 색채, 촉감, 맛, 냄새, 소음과 소리의 논리를 개발합니다. 일종의 코드화된 메시지를 전달하기 위해 이런 특성들을 선택하고 조합하거나 대립시킵니다.

1964년부터 1971년에 걸쳐 출간한 저의 《신화학Mythologiques》이라는 4권짜리 두툼한 책에서 수백 개의 사례를 분석했는데, 그중 하나의 예를 들어보겠습니다.

근친상간 관계인 연인 혹은 사회적 규약과 인습에 의해 사랑이 금지된 연인이 있습니다. 그들은 죽음 속에서만 하나로 결합될 수 있고, 그렇게 두 사람은 한 몸이 됩니다. 이런 사랑 이야기는 우리 문학에서도 제법 익숙한 것으로, 서양에는 가령 중세 소설인 《트리스탄과 이졸데》가 있는데 이 소설은 바그너Richard Wagner의 오페라로도 만들어졌습니다. 또 일본 전통에도 이런 설화가 있다고 알고 있습니다.

한편 또 다른 놀라운 이야기가 있습니다. 한 할머니가 막 태어난 남매를 서로 붙여서 한 아이를 만듭니다. 자라난 아이는 어느 날 하늘을 향해 화살을 쏩니다. 날아갔던 화살이 이 아이 한가운데로 떨어지며 둘을 쪼갭니다. 분리된 남매는 근친상간 연인이 됩니다.

이 두 번째 이야기는 부조리하고 일관성이 없어 보입니다.

그런데 이 이야기는 북아메리카 원주민들에게도 있습니다. 일화 하나하나를 서로 비교해보면, 두 번째 이야기는 첫 번째 이야기를 그대로 재생한 것이라는 걸 알게 됩니다. 다만 뒤집 어서 거꾸로 말입니다. 여기저기에 신화들이 있지만, 같은 이 야기를 다르게 하고 있는 것은 아닐까요? 이웃한 주민들이 같은 이야기를 서로 대칭적으로 혹은 완전히 뒤집어서 하고 있는 것은 아닐까요?

한 발 더 들어가 보면, 북아메리카에서 첫 번째 이야기 는 한 별자리의 기원을 설명할 때 나오는 것으로, 근친상간 을 한 두 연인은 죽어서 하나의 별자리가 됩니다. 이와 비슷 한 이야기는 중국 설화에도 있고, 일본에서는 다나바타 축제 때 기려지는 견우직녀 이야기가 있습니다.[2] 한편 두 번째 이 야기는 태양 흑점[3]의 기원을 설명하는 것으로도 알려져 있습

---

2 [옮긴이] '견우직녀牽牛織女' 이야기에서 견우는 목동bouvier이고 직녀는 베 짜는 여자tisserande다. 견우성은 독수리자리에서 가장 밝은 별이고, 직녀성 은 거문고자리에서 가장 밝은 별이다. 두 별이 은하수를 가운데 두고 매년 칠월칠석이면 그 위치가 매우 가까워지는데, 그 때문에 이런 설화가 생겨 났다.

3 [옮긴이] '태양 흑점sunspot'은 예수회 신부이자 천문학자인 독일의 샤이 너Christoph Scheiner가 1610년경 발견했다고 한다. 태양 한가운데 어두운 반점(흑점)이 보이는데, 어두운 중심부를 '암부umbra'라고 하고, 바깥의 약 간 밝은 부분을 '반암부penumbra'라고 한다. 태양이 열과 빛을 생성하는 데 있어 태양 폭풍(자장 현상) 및 태양 흑점 작용은 아주 중요한 역할을 하는

니다. 같은 태양 흑점이어도 다르게 볼 수 있는데, 어두운 배경에서 떨어져 나오는 반짝이는 점들이거나, 반대로 밝은 배경에서 떨어져 나오는 어두운 점들일 수 있습니다. 별자리 형상도 뒤집어 위처럼 이야기해볼 수 있습니다. 겉을 보거나 안을 보거나의 차이일 수 있습니다. 아니면 영화를 처음부터 보거나 끝에서부터 보는 것의 차이일 수도 있겠습니다. 후자의 경우에는 기관차가 거꾸로 달리는 것 같고, 연기가 연통으로 다시 들어가 점차 물로 응결되는 것 같을 겁니다.

이런 분석에서 얻을 수 있는 것은 서로 다른 신화가 이제는 하나에 불과할 수 있다는 겁니다. 서로 다른 것들이 점점 가까워지면 결과적으로 그렇게 됩니다. 특별한 '의미작용signification' 없이 다수로 있던 '이야기들récits'이 이제 그 수는 점점 적어지지만 의미를 띠는 '대상들objets'[4]이 됩니다. 신화의 의미는 각각 따로 떨어져 있을 때는 나타나지 않습니다. 그게 서로 연계될 때에야 비로소 나타납니다.

이런 연구가 현재 우리가 직면한 문제들을 조명하는 데 어

데, 태양 깊숙한 곳에서 표면으로 솟구쳐 검은 반점처럼 드러나는 이 흑점 작용은 11년 주기로 차고 기울기를 반복한다.

4 [옮긴이] 흔히 '사물' '대상' 등으로 번역되는 '오브제objet'는 '눈앞에ob' '던져진jeté/jeter' 것/먹이라는 어원을 갖는다. 단순한 사물이 아니라, 그것을 보는 주체의 감각과 의식에 강한 영향과 자극을 주는 눈앞에 있는 대상이라는 의미로 이해될 필요가 있다.

떤 기여를 한다는 건지 의아하실 겁니다. 우리 사회에 더 이상 신화는 없습니다. 인간의 조건과 자연의 현상 들이 제기하는 문제를 해결하기 위해 지금은 과학에, 더 정확하게 말하자면 문제 유형에 맞는 전문적인 과학 분야에 묻고 있으니까요.

그런데 항상 그럴까요? 문자 없는 민족은 신화에 묻고, 인류는 수십만 년, 아니 어쩌면 수백만 년에 달하는 기나긴 역사의 흐름에 묻습니다. 우리를 둘러싸고 있는 세계의 질서와 우리가 태어난 사회의 구조를 설명해보려고 말입니다. 그것들의 정당성을 증명하고, 세계가 전체적인 조화 속에 있고 우리가 속한 특정 사회가 처음 생겨날 때와 똑같이 그대로 남으리라는 확신을 불어넣으려고요.

하지만 우리가 사는 사회 질서에 의문이 생겼을 때, 우리는 그것을 설명하기 위해, 혹은 정당화하거나 고발하기 위해 역사에 호소합니다. 과거를 해석하는 방식은 우리가 속한 환경과 우리의 정치적 신념과 도덕적 태도에 따라 다를 수 있습니다. 프랑스 시민에게는 1789년 프랑스혁명이 현재 사회의 일종의 지형地形을 설명해줍니다. 이 지형을 좋게 보느냐 나쁘게 보느냐에 따라, 1789년 프랑스혁명을 보는 방식도 마찬가지로 달라지고 또 서로 다른 미래를 열망할 수 있습니다. 다른 말로 표현하면, 우리가 만들어낸 가깝거나 먼 과거에 대한 상상은 신화의 본성과 매우 비슷합니다.

제가 감히 이런 성찰을 일본에 대해서도 해볼 수 있을까요? 여러분의 역사에 대해 제가 아는 적은 지식이나마 가지고 메이지시대 전야를 상상해보면, 쇼군 권력을 옹호하는 자인가 왕정복고를 찬양하는 자인가에 따라 입장이 달라질 수 있습니다. 산토리 재단이 주최하고 오사카에서 열렸던 1980년의 한 학회에서도, 일본인 참가자들은 메이지유신에 대해 서로 다른 해석들을 내놓았습니다. 한쪽에서는 세계를 향해 문을 열어야 한다는 의지로 보았습니다. 어떤 복잡한 생각이나 향수나 회한 없이 계속해서 앞으로 나아가기를 바랐던 것이라면서요. 다른 쪽에서는 반대로 이런 개방을 서구의 무기를 도입함으로써 서구에 저항할 수 있게 해주는 하나의 방법으로 보았습니다. 또한 이는 서구로부터 일본 문화의 특성들을 지킬 수 있게 해주는 방법이기도 했습니다.

이러한 점은 객관적이고 과학적인 역사가 가능한가, 또는 우리 근현대사회에서 역사가 신화에 비견될 만한 역할을 할 수는 없지 않은가라는 의문이 들게 합니다. 신화는 문자 없는 사회에서 그 역할을 합니다. 신화는 사회적 질서와 세계라는 개념을 정당화하고, 무언가를 그것이 과거에 어떠한 것이었는지를 통해 설명하려고 합니다. 현재의 상태를 합리화하기 위해 과거의 상태를 돌아보는 것입니다. 동시에 미래를 이러한 현재와 과거에 비추어 상상해보는 것이기도 합니다. 우리 문명에서 이 역할을 하는 것은 역사입니다.

그럼에도 차이는 있습니다. 제가 《신화학》에서 여러 예를 통해 보여주려고 했던 것처럼, 신화들은 각자 다른 이야기를 하고 있습니다. 그리고 이야기의 요소들이 다르게 배치되어 있지만 결국은 같은 이야기라는 것을 알게 됩니다. 이와 달리 우리는 단 하나의 역사가 있다고 기꺼이 믿습니다. 사실 각 정당, 각 사회단체, 각 개인은 서로 다른 역사를 이야기합니다. 자신들이 바라는 대로 이유를 대기 위해 역사를 이용하는 것입니다. 현재는 과거가 반복된 것이고 미래는 현재가 영속되는 것이 아니라, 미래는 현재와 다르고 마찬가지로 현재 자체도 과거와는 다르다는 식으로 말입니다.

방금 살펴본 간략한 비교는, 이른바 원시적인 민족들의 신앙과 우리가 역사를 이해하는 방식을 비교한 것입니다. 우리 문명은 역사를 객관적 진실보다는 편견이나 열망을 표현하는 방식으로 이용하고 이해합니다. 인류학은 비평 정신을 갖고 있다는 사실을 여기서 다시 한 번 느낄 수 있습니다. 인류학은 우리 자신의 사회나 다른 원시사회나 하나로 귀결될 만한 의미를 갖고 있지 않다는 것을 더 잘 이해할 수 있게 해줍니다. 다시 말해 역사적 과거에 대한 절대적인 해석은 없습니다. 모든 것이 상대적인 해석일 뿐입니다.

결론을 짓기 위해 좀 더 대담한 성찰을 해보겠습니다. 세계의 우주적 질서와 관련해서조차, 오늘날 과학은 비非시간성이 아니라 차라리 역사성의 전망으로 옮겨가고 있습니다. 코스모스Cosmos는 더 이상 뉴턴의 시대처럼 중력과 같은 영원한 법칙에 따라 나타나지 않습니다. 근대 천체물리학에서는 코스모스도 하나의 이야기를 갖습니다. 150억 년에서 200억 년 전 우주는 유일무이한 사건(영어로 빅뱅Big Bang이라 하죠)으로 시작되어 팽창했고 지금도 팽창하고 있습니다. 가설에 따르면 팽창이 같은 방향으로 무한히 계속되거나, 팽창과 수축의 주기가 번갈아가며 계속된다고 합니다.

그러나 과학이 진보하는 동시에, 시공간적으로 차원이 달라 우리의 정신 능력을 벗어난 현상들은 더 이상 우리의 사고로 소화할 수 없게 되었습니다. 이런 의미에서 코스모스의 역사는 죽게 마련인 우리 보통 사람들에게는 일종의 위대한 신화가 되었습니다. 그 역사는 유일무이한 사건들의 전개 속에서 진행됩니다. 왜냐하면 단 한 번만 일어나기 때문입니다. 그래서 결코 그 실재를 증명할 수 없지요.

17세기 이후부터는 과학적 사고가 신화적 사고와 근본적으로 대립한다고, 그래서 전자가 후자를 곧 제거할 것이라고 믿었습니다. 그러나 이런 움직임이 처음에 어떻게 시작되었는가를 다른 방향에서 볼 수는 없을까요? 과학적 사고의 진보 자체가 신화적 사고를 역사 쪽으로 밀어버린 결과를 초래한 것은 아닐까요? 이 점은 19세기에 이미 생물학에서 진화론과 함께 제기되었습니다. 근대 우주학도 이 방향으로 가고 있습니다. 아무튼 저는 역사적 지식도 신화와 유사성을 지니고 있음을 보여주려고 했습니다. 그런데 과학 자체는 생명의 역사, 세계의 역사가 되려고 하는 경향을 보이고 있는 듯합니다. 오랫동안 여러 갈래 길을 따라오다 보니, 과학적 사고와 신화적 사고가 언젠가는 서로 가까워지지 않을까 하는 생각을 배제하지 않게 되었습니다. 이런 가설 속에서 인류학이 신화적 사고에 대한 연구를 하는 것이 정당화됩니다. 더욱이 인류학이 정신의 기능에 내재하는, 지금도 항상 현존하는 속박의 문제에 대해서도 어떤 해명을 해준다면, 그것은 더욱 정당화될 것입니다.

문화적 다양성에
대한 재인식

≫

앞선 두 강연에서 제가 말하고자 했던 것은 문자 없는 사회를 기술적·경제적 수준이 낮다는 점에서 우리 사회와 비교하지만, 그들 사회와 우리 사회의 간극이 그렇게 크지 않다는 것이었습니다.

인류학자와 유전학자

이런 간극을 입증하기 위해 과거에는—그리고 간혹 오늘날에도—두 종류의 논의에 호소했습니다. 어떤 사람들은 이런 간극은 극복할 수 없다고 합니다. 왜냐하면 인간 집단은 유전적 유산에 의해 달라지기 때문입니다. 지적 능력과 정신적 기질에 영향을 주는 유산이 있기에 불평등이 존재한다는 것입니다. 이것이 인종차별주의자의 이론입니다. 반면에 진화론자들에 따르면, 문화 불평등은 생물학적 기원이 아니라 역사적 기원을 갖습니다. 모든 사회가 반드시 거쳐야 하는 단 하나의 길이 있다고 합시다. 그 길을 걷다 보면, 어떤 사람은 앞서고 어떤 사람은 제자리걸음이고 어떤 사람은 뒤처지게 됩니다. 중요한 것은 뒤처지게 만드는 부수적인 이유를 이해하고, 그들이 따라잡아 만회할 수 있도록 돕는 것입니다.

우리는 이러한 두 문제를 마주하면서, 인류학이 제시하는 해결책이 도움이 되었으면 합니다. 하나는 인종의 문제이고, 다른 하나는 진보라는 개념에 어떤 의미를 부여해야 하는가의 문제입니다.

19세기와 20세기 전반기 동안, 인종이 문화에 영향을 주는지, 준다면 어떤 방식으로 주는지를 질문하게 되었습니다. 민족에 따라 신체적 외양이 다르고, 생활방식과 풍습, 종교도 달랐기 때문입니다. 이로써 신체적 차이와 문화적 차이가 연관이 있다고 생각하게 되었습니다. 유네스코의 인종 문제에 관한 2차 선언문의 서두만 봐도 상식적으로 알 수 있듯이, 거리의 행인들만 봐도 인종이 존재합니다. 해당 내용을 인용해 보겠습니다. 길에 여러 사람이 다니는 걸 보고 "아프리카인과 유럽인과 아시아인과 미국 인디언을 바로 구분할 수 있는 것만 보아도 인종이 존재한다는 것은 자명한 이치입니다".

인종과 문화가 관련되어 있다는 개념에 반대하여, 인류학은 오래전부터 두 가지 논점을 입증해왔습니다. 첫째, 존재하는 문화들의 수입니다. 특히 지구상에는 2~3세기 전부터 존재하던 문화가 지금도 존속되고 있을 만큼 문화의 수는 인종의 수와 비교할 수 없을 만큼 많습니다. 더 면밀한 조사에 따르면, 문화가 수천 개라면 인종은 12~24개에 불과합니다. 그러나 같은 '인종'에 속한 사람들이 만든 두 문화가 '인종'이 다른 두 집단에서 나온 두 문화만큼이나 차이가 날 수도 있고, 심지어 더 큰 차이가 나기도 합니다.

둘째, 문화적 유산은 유전적 유산보다 더 빨리 진보합니다. 우리의 증조부모가 알고 있던 문화와 우리가 아는 문화는 다릅니다. 심지어 고대 그리스 및 로마인의 생활양식과 18세기 우리 조상의 생활양식 간의 차이보다, 18세기 우리 조상의 생활양식과 오늘날 우리의 생활양식 간의 차이가 더 크다고도 할 수 있습니다. 그러나 우리가 물려받은 유전적 특징은 거의 그대로 유지하고 있습니다.

기술, 관습, 제도, 신앙을 연구하는 이른바 '문화적' 또는 '사회적' 인류학자들과, 인류라는 종의 두개골 및 해골을 측정하고 표준화하는 데 몰두하는 옛 학파인 자연인류학자들 간의 결별은 이미 백여 년 전에 일어났습니다. 앞서 살펴본 두 가지 이유로도 이것은 설명됩니다. 두 유형의 인류학자들이 보유하고 있는 일람표 사이에는 어떤 상호 연관성도 없습니다. 이미지로 비유해보자면, 자연인류학자의 체는 그 눈이 너무 성겨서 문화적·사회적 인류학자가 의미를 부여하는 문화들 사이의 미세한 차이를 전혀 걸러낼 수 없습니다.

반면 인류학과 집단유전학이라 부르는 새로운 생물학 분야의 공동연구가 이루어진 것은 겨우 30~40년밖에 되지 않았습니다. 이런 생물학적 논의를 통해 인종적 차이와 문화적 차이 사이의 연관성, 더 나아가 그 사이의 인과성을 세워보려 했던 시도들에 대해 인류학자들이 가졌던 전통적 불신을 다시 한 번 확인할 수 있습니다.

인종의 전통적 개념은 완전히 외적이고 매우 가시적인 성격에 근거합니다. 키, 피부색, 눈 색, 두개골 형태, 머리카락의 특성 등이 그것입니다. 관찰이 가능한 이런 다양한 부분에서 설령 일치한다 해도(이마저 아주 의심스러워 보이지만), 유전학자들이 밝혀냈고 그 중요성을 입증했다시피 즉각적으로 지각할 수는 없는 특성들, 즉 혈액형, 혈청 단백질, 면역인자 등등의 차이가 인종의 차이에 정확히 부합한다는 증거는 없습니다. 하지만 후자가 전자보다 덜 뚜렷하게 드러난다는 점은 사실입니다. 또한 몇몇 사례에서 드러났듯이, 후자는 전자와 완전히 다른 지역적 분포를 보이기도 합니다. 이른바 '비가시적 인종', 즉 후자처럼 바로 지각할 수 없는 인종이 전통적 인종 사이에서 나타날 수 있습니다. 다시 말해 이 전통적인 종이 보통 나타나는 경계(이미 불확실한 경계)에서도 교차해 나타날 수 있다는 것입니다.

인류학자들의 입장을 공고히 하듯, 유전학자들은 인종 개념을 '유전자 보유고stock génétique' 개념으로 대체합니다. 이 유전자 보유고는 명확한 경계선을 갖고 불변의 성격을 띤다기보다, 한 곳에서 다른 곳으로 이동하며 용량을 상대적으로 바꾸거나 시간에 따라서 끊임없이 변화합니다. 정해지는 한계선은 임의적일 뿐입니다. 용량은 지각되지 않으나, 일정한 추이를 갖는 단계적 변화에 따라 늘어나기도 하고 줄어들기도 합니다. 그리고 여기저기 세운 경계의 문턱들은 조사자들의 관심 방향에 따라 정해집니다. 즉 분류해서 유형을 만들지만, 그것은 다분히 임의적이고 주관적이라는 말입니다.

요즘 유행하는 표현을 쓰자면, 인류학자와 유전학자 들 간의 이런 '새로운 연합'은 이른바 원시민족에 대한 태도를 놀라울 정도로 변화시켰습니다. 다른 논의들과 더불어 이런 태도 변화는 그때까지만 해도 인류학자들만이 유일하게 개입했던 문제들까지 살펴보게 만들었습니다. 수세기 동안 기이한 결혼 규칙, 갓난아기에게 모유 수유를 하는 동안 부부간의 성교 금지, 족장이나 장로에게 주어지는 특권으로서 일부다처제 허용, 또한 영아 살해 같은 우리를 격분시키는 관습 등은 정말 터무니없고, 심지어 파렴치한 것으로 여겨졌습니다. 그런데 이 원시인 주민들은 1950년 무렵의 주민이 아닙니다.

우리는 우리와 가장 먼 인종들을 볼 때, 그들이 서로 거의 비슷하다고 여기는 경향이 있습니다. 가령 백인이 볼 때 황인종은 다 닮아 보입니다. 그런데 그 반대 역시 성립합니다. 백인에 대한 고정관념이 표현되어 있는 이른바 '난반 미술'[1]이 그것입니다. 그런데 지리적으로 같은 지대에 살고 있는 원시 부족들 사이에서도 상당한 차이가 발견됩니다. 같은 부족의 다른 마을들 사이의 차이가 언어와 문화가 전혀 다른 부족들 간의 차이만큼이나 클 수 있습니다. 그러니까 같은 부족이어도 따로 떨어져 있으면 생물학적 통일성이 서서히 사라질 수도 있다는 겁니다. 이것은 새로운 마을이 형성되는 방식으로도 설명됩니다. 하나의 가족 집단이 유전자적 혈통에서 분리되어 따로 떨어져 정착했다가, 훨씬 나중에 이 집단의 혈족들이기도 한 다른 개체 진영들이 이 거주지에 들어와 합류하여 같이 살 수도 있습니다. 이렇게 되면 이들 사이의 유전자 보유고는 무작위로 조작된 집단 배열에서 나타나는 결과보다 훨씬 더 큰 차이를 보일 수도 있습니다.

---

1 [옮긴이] '난반 미술'이란 16~17세기 일본에서 유럽, 특히 포르투갈에서 온 무역상이나 선교사 같은 서양인들을 묘사한 그림을 말한다. 일본어로 '난반'은 '남만南蛮', 즉 '남쪽의 야만인'이라는 뜻이다.

여기서 하나의 결론이 나옵니다. 만일 같은 부족 내의 마을들이 처음부터 유전적 구성이 상이하고, 각자 상대적으로 떨어져 살면서, 불균등한 번식률로 인해 서로 경쟁하게 되었다면, 우리가 보통 동물 종에서 관찰할 수 있는 진화와는 비교할 수 없게 빠른 진화에 유리한 제반 조건(생물학자들에게 잘 알려진 조건입니다)을 갖게 되었을 거라는 겁니다. 우리는 화석인류에서 오늘날의 인간으로 이어지는 진화가 상대적으로 얼마나 급격하게 이루어졌는지 알고 있습니다.

만약 오늘날 벽지에 사는 몇몇 부족들이 적어도 몇 가지 점에서 아주 먼 과거 인류의 경험과 거의 비슷한 경험을 했다면, 우리가 보기에 매우 비참하다고 여겨지는 이런 조건들이 오늘날의 우리를 만들어내는 데 가장 적절해서였을 수도 있습니다. 그런 속에서 인간의 진화가 유지될 수 있었고, 진화의 속도 또한 유지될 수 있었을 겁니다. 거대한 현대사회에서는 유전적 교환이 다른 방식으로 이루어지는데, 진화의 속도에 제동이 걸리고 진화의 방향도 달라집니다.

전에는 우리 입장에서 받아들여지지도 않고 조롱하거나 한번 봐주는 정도의 호기심에 그쳤던 그들의 생활양식, 관습, 종교에 대해 객관적 가치를 매기고 도덕적 의미를 재인식하기 위해서는, 우리의 지식이 진화해야 하고 새로운 문제들을 인식할 필요가 있습니다. 그러나 인류학의 무대 위에 집단유전학이 진출하는 것과 함께 또 다른 전환이 일어났는데, 이것의 이론적 함의는 훨씬 크다 할 것입니다.

저는 앞에서 문화와 관련된 사실들을 언급했습니다. 이른바 원시사회들은 수유 기간을 3년 내지 4년까지 연장하면서 인구 증가를 매우 낮게 유지한다는 것, 성관계를 금지하는 다양한 방식들이 있다는 것, 필요하면 낙태와 영아 살해도 행한다는 것 등이 그것입니다. 아내를 한 명 두느냐 여럿 두느냐에 따라 매우 가변적인 인간 생식률은 일종의 자연선택에 유리하게 작용합니다. 이런 것들은 인간 집단이 분리되었다가 다시 합쳐지는 방식, 서로 짝짓기를 하여 자손을 낳는 양쪽 성의 개체들에 부여된 관습, 아이를 낳고 기를 것인가 말 것인가에 대한 규정된 방식, 그리고 법·주술·종교·우주론과 연관됩니다. 직접적이든 간접적이든 이런 요인들은 자연선택을 조정하고 그 방향을 정합니다.

'인종' — 부적절한 용어

이렇게 되면 인종 개념과 문화 개념 사이의 관계에서 드러나는 여러 문제들이 뒤바뀌어 보이기 시작합니다. 19세기와 20세기 전반기에 걸쳐 인종이 문화에 영향을 주는지, 그렇다면 어떤 방식으로 주는지 하는 문제들이 제기되었습니다. 이 문제가 해결될 수 없다는 것을 알게 된 후, 우리는 이것들이 다른 맥락에서 펼쳐진다는 것을 깨달았습니다. 생물학적 진보의 방향과 리듬이 넓은 차원에서 결정되는 것이 바로 과거를 살고 현재를 사는 방식이며, 사람들이 이곳저곳에서 채택하는 문화의 형태라는 것입니다. 문화가 인종에 따라 달라지느냐 아니냐 하는 질의가 중요한 것이 아니라, 인종이—인종이라는 용어는 여기서 부적절해 보이기도 합니다만—문화의 또 다른 기능이라는 걸 아는 게 중요하다는 것입니다.

이와는 다른 방식이 어떻게 가능할까요? 한 집단이 차지하고 있는 지역의 지리적 한계를 결정하고, 이웃 민족과 우정 혹은 적대 관계를 유지할 것을 결정하는 것은 그 집단의 문화입니다. 그 결과인지, 집단 내의 결혼이 허용되거나 장려되고 옹호된 덕분에 유전자 교환의 중요성이 상대적으로 인정되고 실제로 이루어질 수 있었을 겁니다.

심지어 우리 사회에서도 결혼이 순전히 우연으로 이뤄지는 건 아닙니다. 의식적인 혹은 무의식적인 요소들이 개입합니다. 앞으로 부부가 될 배우자의 가족 거주지 간의 거리, 인종적 출신, 국적, 종교, 교육 수준, 가족의 재산 정도 등등이 고려됩니다. 아주 보편적 차원에서 최근까지도 제안되는 관습과 용례부터 참조해본다면, 가령 우리의 선조만 해도 공동의 사회생활 초기부터 어떤 유형의 친족은 허용하고 또 어떤 유형의 친족은 금해야 하는가 하는 결혼 규칙을 알고 그대로 적용했습니다. 앞선 강연에서 몇 가지 예를 제시했습니다만, 세대를 거쳐 적용되던 그 규칙들이 어떻게 유전적 전승에서는 다르게 영향을 미쳤겠습니까?

이게 다가 아닙니다. 각 사회마다 지켜지는 위생 규칙 또는 이런저런 질병이나 결핍에 제공되는 치료와 간호에 따라 그 사회 구성 개체들의 생존이 가능해질 수 있었고, 이런 치료나 간호가 없었으면 좀 더 빨리 사라졌을 수도 있었을 유전형질의 전파 또한 가능해졌습니다. 어떤 유전적 이상異常이나 다소 특별한 경우(이른바 비정상적인 출산이나 쌍둥이 등등)에 양쪽 성에 가해지는 차별적인 관행이나 특히 여아들과 관련된 영아 살해 같은 것 앞에서 취하는 문화적 태도도 이런 맥락에서 말해볼 수 있습니다. 마지막으로 부부의 상대적인 나이 차이나 생활수준, 사회적 기능에 따른 출산율과 생산 능력의 차이 같은 것들도 최소한 부분적으로는 생물학적이 아닌 사회적인 기원을 갖는 규칙에 직간접적으로 따른다고 볼 수 있을 겁니다.

그러므로 인간의 진화는 생물학적 진화의 부산물이 아닙니다. 그게 완벽하게 구분되는 것도 아닙니다. 이 전통적인 두 태도를 종합함으로써 생물학자와 인류학자가 서로에게 도움을 줄 수 있고, 또 각자에게 일정한 한계가 있다는 점도 깨달을 수 있을 겁니다.

인류의 기원으로 거슬러 올라가 보면, 우선 두 발로 서기, 손을 도구처럼 쓰기, 무리를 지어 어울리기, 상징을 써서 생각하기, 발성하여 소통하기 등은 아마도 생물학적 진화 요소로 택했을 겁니다. 이것은 문화라기보다 문화 이전의 특징입니다. 반면 문화가 존재하면서부터는, 이런 전前문화적인 특징들을 견고하게 하고 전파시키는 것이 바로 문화가 됩니다. 문화들이 여러 갈래로 나뉘며 다양해지면, 원래 이전의 특징들은 더 강해지거나 그 특징들을 더 유리하게 만듭니다. 마치 추위나 더위에 저항할 수 있게 되면, 혹은 그런 정도와 힘을 갖춘 사회가 되면 더 극심한 혹한이나 더위에도 적응할 수 있게 되는 것처럼 말입니다. 고지에 살아본 사회들이 산소가 희박한 공기에서도 버티는 것처럼 말입니다. 공격적이거나 관조적인 기질, 기술적인 재능 등이 유전적인 요인과 부분적으로 연관되어 있지는 않을지 누가 알겠습니까? 우리가 문화적 차원에서 이해한 것들이 곧바로 유전적 기초와 명백하게 관련되어 있다고 말할 수는 없지만, 중간매개적인 고리가 있어 거기서 나온 한참 먼 영향까지 아예 없다고는 할 수 없을 것입니다. 이런 경우에 각 문화는 유전적 능력을 선택하고, 다시 피드백을 통해 이것이 문화에 영향을 미치고 나아가는 방향을 더욱 강화시킨다고 말할 수 있을 겁니다.

이 두 요소는 부분적으로는 유사하고, 부분적으로는 상호 보완적입니다. 왜 유사하다고 하는가 하면, 문화가 한때 인종이라는 단어로 지칭했던 유전적 특성들의 불규칙한 배합과 비교될 만하기 때문입니다. 하나의 문화는 여러 특징들로 이루어져 있는데, 그 특징들 가운데 어떤 것들은 이웃 나라 문화나 먼 나라 문화나 정도의 차이만 있을 뿐 공통적입니다. 반면 또 어떤 특징들은 제법 표시가 날 정도로 확연하게 두 문화를 갈라놓습니다. 이런 특징들은 하나의 체제 안에서 균형을 이루고 있으며, 반드시 지속 가능해야 합니다. 그렇지 않으면 훨씬 더 잘 전파되고 더 잘 증식되는 다른 체제에 의해 점차적으로 제거됩니다. 차이를 더 발전시키기 위해서는, 그러니까 서로 이웃한 나라의 문화를 구분 짓는 문턱선이 더 뚜렷해지기 위해서는, 두 나라 주민들의 생물학적 차이가 더 나는 데 유리한 조건들이 만들어지는 것이 좋습니다. 더 오래 떨어져 있거나 교환이나 거래가 제한되는 조건들이 생기면, 문화적 차이나 생물학적 차이가 더 나게 될 것입니다.

그 중요성 면에서 문화적 장벽은 유전적 장벽만큼이나 큰 역할을 합니다. 문화적 장벽이 유전적 장벽을 미리 예시한다고도 할 수 있습니다. 마치 모든 문화가 몸에 자기 표시를 하고 다니는 듯합니다. 의상이나 머리 모양과 장신구로, 또는 문신이나 몸짓과 태도 등으로 차이를 만들어냅니다. 인종 간에 존재할 수 있는 차이와 비교될 만한 차이를 흉내 내는 것입니다. 어떤 신체적 유형의 선호를 통해 그 유형을 안정시키고 경우에 따라서는 확산시킵니다.

34년 전에 유네스코의 부탁으로 저는 《인종과 역사 Race et histoire》라는 제목의 책을 썼습니다. 저는 고립된 문화들은 누적적인 역사의 조건들을 혼자서는 만들 수 없다는 점을 설명하기 위해 연합이라는 개념을 사용했습니다. 서로 다른 문화들은 의식적으로나 무의식적으로 상대가 가진 면을 조합하여 구현하기도 합니다. 이렇게 함으로써 일종의 긴 연속체들을 만드는데, 이것이 이른바 역사가 만들어지는 원리로 이로써 역사는 계속해서 앞으로 나아가게 됩니다.

유전학자들은 최근 생물적 진보에 대해 이와 유사한 관점을 제기합니다. 그들은 게놈이 실질적으로 하나의 시스템으로서 구성된다고 봅니다. 그 시스템 내에서 몇몇 유전자들은 조절자 역할을 하고, 다른 유전자들은 동시에 작용해서 하나의 형질을 표현하며, 이와 반대로 몇몇 형질은 단 하나의 유전자에 달려 있기도 합니다. 한 개체의 게놈에 있어서 진실인 것은 집단에게도 진실입니다. (몇몇 유전적 유산들 내에서 조합이 일어나는 것처럼) 그렇게 해야 최적의 균형이 맞춰지고 그로써 생존의 가능성도 커집니다. 이런 의미에서 유전적 재조합이 집단의 역사에서 하는 역할은 문화적 재조합이 생활양식,

기술, 지식, 관습, 신앙 등의 진화에서 하는 역할과 비슷하다고 할 수 있습니다. 오직 특정 문화만 습득할 수 있는 유전적 유산을 갖도록 운명 지워진 개인들이라면, 더더욱 불리한 조건의 후손들을 갖게 될지도 모릅니다. 이런 개인들은 유전적 유산보다 더 빠른 속도로 발생하는 문화적 변화에 노출될 것입니다. 이런 새로운 상황의 요구에 응답하기 위해서라도 스스로 진화해나가고 다양성을 지니고 있어야 하는 것은 당연해 보입니다.

인류학자와 생물학자는 삶이, 특히나 인간의 삶이 획일적인 방식으로 전개될 수 없을 거라는 데 동의합니다. 항상 그리고 어느 곳에서나 삶은 다양성을 전제하고 또 다양성을 발생시킵니다. 지식적·사회적·미학적·철학적인 이런 다양성은 인과관계로 통일될 수 없습니다. 인간 가족 단위의 생물학적 차원에는 그런 인과관계가 존재할지 모르지만요. 삶에 있어 다양성은 다만 전혀 다른 차원에서 나란히 일어날 뿐입니다.

그렇다면 이런 다양성은 정확하게 무엇으로 이뤄질까요? 길거리 행인에게서 얻는 다양성은 아무 소용이 없습니다. 검은 피부를 가졌다거나 흰 피부를 가졌다거나, 생머리거나 곱슬머리거나 하는 사실에 어떤 지적·정신적 의미를 부여할 수는 없으니까요. 이 길거리 행인에 당장 제기되는 또 다른 문제 앞에서는 침묵할 수밖에 없습니다. 타고난 인종적 능력 같은 게 애당초 없다면, 서구 문명이 우리가 아는 거대한 진보를 이뤄낸 반면, 다른 피부색의 민족은 뒤처져 있거나 개발 도상에 있거나 아니면 놀랍게도 수천수만 년 전 상태 그대로 있기도 합니다. 그럼 이건 어떻게 설명할 수 있겠느냐 하는 겁니다. 사람들 머릿속에 인종과 문화는 밀접한 관련이 있으므로, 인종 간의 불평등 문제를 부정적인 방식을 통해서라도 해결하기 위해 문화의 불평등—실은 이것을 다양성으로 봐야 하지만—을 들여다보게 된 것입니다.

다양성이라는 스캔들

그런데 사실 문화의 다양성이 인간에게 사회 간의 직접적이거나 간접적인 관계에 따른 자연적 현상으로 드러나는 경우는 드뭅니다. 여기에는 일종의 기괴함 또는 스캔들이라 할 만한 게 있습니다. 인간에게는 아주 옛날부터 아주 단단히 뿌리를 박고 있는 만큼 본능적이라 할 수 있는 하나의 경향이 있는데요. 바로 현재의 자기 사회와 가장 동떨어져 있는 사회의 관습, 신앙, 관례, 가치 등을 순전히 그리고 단순히 거부한다는 겁니다. 고대 그리스인과 고대 중국인은 자신들의 문화에 참여하지 않는 자들을 '바르바르barbare' 혹은 '오랑캐'라고 규정했습니다. '바르바르'라는 말은 어원적으로는 새들의 쩍

쩩거림입니다. 그러니까 그 말의 이면에는 동물적 속성이 있는 것입니다. 프랑스어 '소바주 sauvage'[원시인/야생인/미개인]라는 단어도 '야생의 숲'을 의미하므로, 인간이 만든 문화와 대립되는 동물의 자연적 삶을 환기시킵니다. 그러니까 문화적 다양성을 인정하지 않는 것입니다. 도리어 문화 바깥으로, 즉 자연 속으로 다시 던져버리는 것을 선호한 셈입니다. 독일어 '나투어볼커 Naturvölker'[토착민/원시민족]라는 단어도 우리가 살고 있는 규범으로부터 멀어진 모든 것을 뜻합니다.

위대한 종교적·철학적 체계들 — 불교, 기독교, 이슬람교 등의 교리나, 스토아철학, 칸트철학, 마르크스주의 등의 학설, 끝으로 다양한 인권선언들 — 은 당연하게 이런 태도에 지속적으로 반기를 들어왔습니다. 그럼에도 불구하고 이런 체계들은 인간이 추상적 인간성 내에서만 아니라, 때와 장소에 따라 달라지는 전통문화 내에서 그 본성을 실현한다는 것을 간과하곤 합니다. 그들을 도덕적으로 상처 주는 일들은 단죄하고 싶고 지성적으로 이해가 되지 않는 차이점들은 부정하고 싶은 이중의 유혹 속에서, 근대인들은 문화적 다양성을 고려하면서도 일종의 스캔들처럼 충격적이고 불쾌한 것들은 없애려는 식으로 양쪽을 절충하려고 했습니다.

서구인의 사고를 오랫동안 지배했던 진화론은 문화의 다양성을 전적으로 인정하는 척하면서 그것을 축소하려고 했

습니다. 왜냐하면 시간상으로도 아주 옛날이고 공간상으로
도 그만큼 멀리 떨어져 있는 인간 사회는 다른 사회들과는
다른 자기만의 상태를 지니고 있는데, 이런 사회를 동일한 방
향으로 향하는 단일한 발전 단계 안에 넣어 다루다 보니 그
들 사이에서 관찰되는 다양성이 더 이상 뚜렷하지 않게 된 것
입니다. 인류는 하나가 되고 동일해지려고 합니다. 다만 이런
단일성과 동일성은 점진적으로 이뤄지는 것이며, 어디서나
같은 속도로 이뤄지는 것은 아닙니다.

　진화론적 해결책은 매력적입니다만, 여러 사실들을 지나
치게 단순화합니다. 각 사회는 자기식 관점을 가지고 사회들
을 두 개의 범주로 나눌 수 있습니다. 하나는 같은 시대에 있
으나 지리적으로는 멀리 떨어진 사회이고, 다른 하나는 대략
비슷한 공간에 있으나 시대적으로는 훨씬 앞서 존재했던 사
회입니다.

　우선 첫 번째 유형의 사회들을 고찰하면서는, 시간의 연속
성 순서에 상응하여 그 사회들 간의 관계를 설정합니다. 가령
전기나 증기기관을 여전히 모르는 현대사회가 있을 수 있는
데, 이런 사회를 서양 문명의 저 먼 태고 단계로 보는 겁니다.
문자와 야금술 없이 바위벽에 벽화를 그리고 돌로 도구를 만
드는 원주민 부족을 1만 5천~2만 년 전에 프랑스와 스페인
에서 비슷한 활동을 했던 잘 알려지지 않은 민족과 비교하는

겁니다. 사실 얼마나 많은 서양 여행자들이 동방에서 '중세'를, 2차 세계대전 전의 베이징에서 '루이 14세 시대'를, 또 오스트레일리아와 뉴기니의 원주민에서 '석기시대'를 보곤 합니까?

　제가 보기에는 이런 가짜 진화론은 매우 위험합니다. 사라진 문명에 대해 우리는 몇몇 측면만을 알 수 있을 뿐입니다. 더욱이 오래된 문명일수록 아는 측면은 더 적습니다. 그도 그럴 것이 알려진 것은 시간의 공격 속에서 살아남은 유일한 것이기 때문입니다. 가짜 진화론은 전체에서 부분을 취하는 절차를 밟아, (하나는 현존하고, 하나는 사라진) 두 문명에서 서로 닮은 어떤 점들을 근거로 모든 점이 동일하다는 식으로 결론을 냅니다. 그러나 이러한 논증 방식은 논리적으로 옹호될 수 없을 뿐만 아니라, 구체적 사실들에 의해 대부분 반박됩니다.

　가령 오랫동안 서구에 만연했던 일본에 대한 견해를 상기해봅시다. 2차 세계대전 전까지 일본에 대해 쓴 저서들은 대부분, 일본이 19세기까지 유럽의 중세와 같은 봉건 체제하에 있었다고 말합니다. 2~3세기 뒤진 19세기 후반에 와서야 자본주의 시대에 들어섰고, 산업화를 향한 문을 열었다고 말입니다. 오늘날 우리는 이게 틀렸다는 것을 알고 있습니다. 우선 소위 일본식 '봉건제'에는 역동성과 실용성이 깃든 무사 정신이 있었기 때문에, 유럽 중세의 봉건제와는 표면적으로

만 유사합니다. 일본의 봉건사회는 지극히 독창적인 사회조직 형태입니다. 그밖에 특히 다른 이유들도 있습니다. 이미 16세기에 일본은 수만 개의 갑옷과 칼을, 나중에는 소총과 대포를 제조해 중국에 수출하는 산업국가였습니다. 같은 시대에 일본은 유럽의 그 어떤 나라보다 인구가 많았습니다. 더 많은 대학이 있었고, 문맹률은 훨씬 낮았습니다. 마지막으로 상업 및 금융 자본주의는 결코 서구의 것만은 아니었으며, 일본에서 메이지유신 이전에 이미 비약적으로 발전하고 있었습니다.

따라서 두 사회는 동일한 발전선상에서 한쪽이 다른 쪽을 따라가는 것이 아니라, 오히려 평행하는 길을 따라가면서 역사의 매순간마다 반드시 일치하지는 않는 선택을 한다고 봐야 할 것입니다. 같은 카드 패를 쥐고 있지만 각자가 다른 순서로 게임을 진행하는 것과 비슷하다고 할까요? 다른 많은 비교점을 찾을 수 있지만, 유럽과 일본이 같은 방향의 진보 개념을 가진 건 아닙니다.

동시대에 공존하지만 멀리 떨어진 사회에 대해 지금껏 살펴본 것들이 진실이라면, 이것은 앞서 구분했던 두 번째 유형의 사회에서도 그럴까요? 지리적으로는 비슷한 곳이지만 역사적으로는 현재 사회보다 앞서 존재했던 사회 말입니다. 단선적인 진화라는 가설은 공간상 멀리 떨어져 있는 사회를 같은 층위에 놓을 때도 너무 허술했지만, 이 경우에도 마찬가지 결과를 피할 수 없을 듯합니다. 고생물학, 선사학, 고고학에서도 이와 일치하는 증언들이 나옵니다. 현대의 거대한 문명이 자리 잡았던 지역에는 부싯돌을 거칠게 잘라 사용한 '호모homo' 속屬에 속하는 다양한 종들이 거주하고 있었습니다. 시간이 지나면서 이 돌 연장은 더욱 섬세해지고 완벽해집니다. 뗀석기는 간석기, 뼈, 상아로 대체됩니다. 야금술과 점차적으로 결합되면서 도기 제작, 직조, 농업도 새로운 단계에 이를 수 있었습니다. 그렇다면 이런 것을 진정한 진화라고 말할 수 있을까요?

그러나 이를 규칙적이고 연속적인 배열을 갖는 이론의 여지가 없는 진보로 정렬하는 건 쉽지 않습니다. 우리는 오랫동안 이 연속적인 단계를 다음과 같이 구분해왔습니다. 구석기[뗀석기]시대, 신석기[간석기]시대, 동기銅器시대, 청동기시대, 그리고 철기시대가 그것입니다. 그런데 이건 너무 간단합니다. 오늘날 우리는 뗀석기와 간석기가 종종 나란히 존재했다는 것을 압니다. 또한 간석기의 등장은 기술적 진보 때문이 아닙니다. 간석기가 뗀석기보다 1차 원료를 더 필요로 하기 때문입니다. 다만 그들과 동시대에 존재하고 이웃해 있지만, 분명 훨씬 '진보한' 문명이 소유하고 있던 동이나 청동 연장과 무기를 돌로 모방하려는 시도로는 볼 수 있습니다. 이런 지역에서는 도기가 간석기와 함께 나타나기도 하고, 때로는 간석기보다 앞서 나타나기도 합니다.

뗀석기의 여러 기술들 ─ 몸돌, 박편석기, 돌날격지 ─ 을 기준으로 각각을 전기 구석기시대, 중기 구석기시대, 후기 구석기시대로 나누었습니다. 이렇게 세 단계로 나누어 역사적 진보를 투영하려고 했던 거지요. 그러나 오늘날에는 이 세 형태가 공존할 수 있다고 인정합니다. 즉 그것들이 한 방향으로만 가는 진보의 단계를 나타내는 것이 아니라, 매우 복잡한 현실의 측면들 혹은 이른바 '층상層相'을 드러낸다는 것입니다. 석기시대의 산물은 수십만 년, 아니 아마 수백만 년 전 호모사피엔스의 조상인 호모에렉투스의 작품입니다. 한편 이 석기들은 나름 복잡하고 정교했지만, 신석기시대 말이 되면 더 뛰어난 것이 나오게 됩니다.

인류가 만들어낸 진보라는 실제를 부인하자는 것이 아닙니다. 다만 좀 더 미묘한 차이를 고려하면서 신중하게 봐야 한다는 겁니다. 우리 지식이 발전하면서 시간에 따라 배열해놓았던 문명의 형태들을 이번에는 공간에 따라 배열하게 됩니다.

진보란 필수적이지도 않고 연속적이지도 않습니다. 생물학자들이 말하듯, 변이를 통해 비약하기도 하고 도약하기도 합니다. 이런 비약과 도약은 항상 순차적으로 진행되는 것도 아니고 같은 방향으로 나아가는 것도 아닙니다. 나아가는 방향에 변화가 있습니다. 마치 체스 기사가 말을 여러 번에 걸쳐, 또한 한 방향이 아닌 여러 다른 방향으로 옮기는 것과 유사합니다. 진보하는 인류는 계단을 하나씩 힘겹게 올라가는 사람이라기보다 주사위 놀이를 하는 사람에 가깝습니다. 주사위 몇 개를 던질 때마다 탁자 위에 흩어집니다. 한 사람이 이기면, 다른 사람은 집니다. 역사가 누적되어왔다면, 다시 말해 그것이 쌓여오면서 유리한 조합을 형성해왔다면, 그것은 오로지 행운에 의한 것입니다.

자기 고유의 관점에 따라 이런 유리한 조합을 구현하고 있는 문명을 바라보는 우리의 태도는 어떠해야 할까요? 사실 관찰 대상이 되는 이런 문명이 우리 관찰자가 속한 문명에 별다른 이점을 제공하지는 않습니다. 그렇기 때문인지 우리 관찰자는 그런 문명이 답보 상태에 있다고 규정하려는 경향이 있지 않나요? 달리 말하자면 답보 상태인 역사와 누적적인 역사(한쪽은 발견과 발명을 축적할 뿐이지만, 다른 쪽은 아마도 활동적인 점에서는 마찬가지지만 각각의 혁신들을 원래의 방향으로부터 결코 벗어나지 않는 일종의 물결치는 흐름 속에 녹여냅니다)를 구분하는 것은, 우리가 다른 문화를 평가할 때 항상 갖는 자민족 중심주의의 결과가 아닐까요? 우리는 그렇게 모든 문화가 누적적이라고 생각하고, 그래야 우리 문화와 유사한 맥락으로 발전한다고 생각합니다. 그러면 다른 문화는 답보 상태로 보일 수 있는데, 반드시 그 문화가 정말 답보 상태여서가 아니라, 그런 발전선상은 우리에게 아무런 의미가 없고 우리가 사용하는 기준 체계 용어로는 측정될 수 없기 때문입니다.

'불완전의 예술'

제가 본질적이라 생각하는 이 점에 대한 더 나은 이해를 위해 과거 속에서 몇 가지 비교점들을 살펴보고자 했습니다.

우선 제가 비판했던 태도는 우리 사회에서 관찰되는 태도와 많은 면에서 비슷합니다. 나이 든 사람들은 자신이 늙어서 본 역사는 정체적으로 생각하는 반면, 젊은 시절 본 역사는 누적적으로 생각합니다. 자신이 적극적으로 참여하지 않았거나 더 이상 역할을 하지 않는 시대는 별 의미가 없습니다. 아무 일도 일어나지 않은 것 같거나, 일어난 일도 그들 눈에는 부정적 성격만 보입니다. 반면 그들의 손자들은 나이 든 사람들이 이미 잃어버린 열정을 품고 그 시기를 살아갑니다.

항상 우리 사회에서 어떤 정치적 체제에 반대하는 사람들은 그 체제가 진화하고 있다는 것을 선뜻 인정하지 않습니다. 그들은 그 체제를 통틀어 비판하고 일괄적으로 단죄하고 역사 바깥으로 던집니다. 그리고 나서 연극의 막간극이 지나

간 듯, 다시 정상적 흐름으로 삶을 살아간다고 봅니다. 그러나 정치적 활동가들의 견해는 전혀 다릅니다. 더욱이 그들이 집권당 내에서 중요한 자리를 차지할 때를 보십시오.

진보적 문화와 부동적 문화의 대립은 제가 초점 맞추기라 부르는 것의 차이에서 온다고 봅니다. 현미경으로 보는 관찰자는 대물렌즈로부터 일정 거리에 떨어진 곳에 있는 물체에 '초점을 맞춥니다'. 이 초점 너머나 아래에 있는 물체는 크기가 그렇게 작지 않더라도 어렴풋하고 흐리게 보이거나 심지어 전혀 보이지 않기도 합니다. 바로 이것이 우리가 보는 방식입니다.

마찬가지로 기차 좌석에 앉아 있는 여행자에게는 창문을 통해 바라보는 다른 기차가 자기가 탄 기차와 같은 방향이냐 역방향이냐에 따라 그 속도와 길이가 달라집니다. 한 문화의 구성원은 바로 이런 상황의 기차 여행자와 비슷합니다. 우리는 태어나고 자라면서 가족과 사회적 지인들을 얻게 되고, 가치 판단이나 동기, 주요 관심사, 우리 문명의 과거와 미래에 대해 주입된 관념 등으로 이루어진 어떤 복잡한 참조 체계를 우리 정신 속에 새겨 넣게 됩니다. 살아가면서 우리는 문자 그대로 이런 참조 체계와 함께 이동합니다. 그리고 다른 문화와 다른 사회 체계 들은 우리의 고유 체계 탓에 불가피하게 왜곡된 변형 상태로 인지되거나 아예 아무것도 보이지 않을 수 있습니다.

어떤 문화를 무기력하거나 정체되어 있다고 규정할 때, 우리는 이 명백해 보이는 부동성이 우리의 무지에서 비롯된 건 아닌지 생각해봐야 합니다. 그런데 실은 우리는 그 문화의 이해 당사자이기도 합니다. 우리의 기준과는 다른 기준이 있는 그 문화를 우리 측면에서만 보면서 우리 환상의 희생자가 되게 해서는 안 됩니다. 달리 말하면 서로에게 어떤 흥미나 이익도 제공하지 않는다면 서로가 비슷하지 않아서일 수도 있습니다.

두세 세기 전부터 서구 문명은 과학 지식과 그 응용에 전적으로 몰두했습니다. 만약 이 기준을 받아들인다면, 1인당 사용 가능한 에너지의 양이 인간 사회의 발전 정도를 나타내는 지수가 될 것입니다. 만일 그 기준이 매우 가혹한 지리적 환경에서 살아남을 수 있는 능력이라면, 에스키모와 베두인족이 승리할 것입니다. 인도는 인구통계학적 불평등으로 인한 심리적 위기를 줄일 수 있는 철학적·종교적 체계를 그 어떤 문명보다 공들여 만들었습니다. 이슬람 문명은 기술적·경제적·사회적·정신적 인간 활동에 있어 모든 형태의 연대連帶 이론을 만들어냈습니다. 그리고 우리는 아랍인들이 얼마나 탁월한 위치에서 인간과 세계에 대한 식견을 가지고 중세의 지적 생활을 담당해왔는지 잘 알고 있습니다. 그리고 물리

세계와 정신세계의 상생 관계에 관한 그 모든 깨달음에서 오리엔트와 동아시아는 서양보다 수천 년 앞서 있습니다. 특히 인간의 몸이라는 이 최고의 유기체 자원을 어떻게 이용해야 하는지 그 어느 문명보다 잘 알고 있습니다. 오스트레일리아 원주민은 기술적·경제적 차원에서는 뒤처졌을 수 있지만, 너무나도 정교하고 복잡한 사회 및 가족 체계를 발전시켜서 그들을 이해하려면 현대 수학의 도움을 받아야 할 정도입니다. 친자관계의 첫 이론은 바로 이들에게서 나온다고도 할 수 있습니다.

아프리카의 기여는 훨씬 복잡하면서 훨씬 모호합니다. 아프리카가 구세계에서 '인종과 문화의 용광로' 역할을 한 것을 이제야 이해하기 시작했기 때문입니다. 이집트 문명은 아시아와 아프리카가 공동으로 만들어낸 작품 같습니다. 고대 아프리카의 거시적 정치체계 및 그들이 만든 사법적 개념, 또한 서양에는 오랫동안 알려지지 않았던 철학적 사고 및 조형예술과 음악은 과거에 모든 면에서 풍요로웠습니다. 마지막으로 콜럼버스Christopher Columbus가 발견하기 이전의 아메리카가 구세계의 물질적 문화에 미친 다양한 기여도 생각해봐야 합니다. 우선 감자, 고무, 담배, 코카(현대 의학에서 마취제의 기본)는 여러모로 서양 문명의 네 기둥입니다. 옥수수와 땅콩은 유럽에 알려지기 이전 아프리카 경제를 혁신시킨 바 있습니다.

옥수수가 먼저 전파되었고, 이어서 카카오, 바닐라, 토마토, 파인애플, 고추, 몇몇 종의 콩, 면, 박과 채소가 전파되었습니다. 그리고 산수의 기초인 숫자 '0'이 있습니다. 인도인이 '0'을 발견했고 아랍인을 통해 유럽에 전해진 것으로 알려져 있는데, 마야인은 적어도 5백 년 앞서 '0'이라는 개념을 알았고 사용했습니다. 이런 이유로 마야의 달력은 같은 시기의 구세계의 달력보다 정확했습니다.

유럽과 일본의 사례로 잠시 돌아옵시다. 19세기 중반에 유럽과 미국은 분명 산업화와 기계화 면에서는 훨씬 앞서 있었습니다. 서양은 과학 지식을 발전시켜 모든 분야에서 응용했고, 그럼으로써 자연에 대한 인간의 힘을 어마어마하게 성장시켰습니다. 그렇다고 해서 모든 분야에서 앞서 있었던 건 아닙니다. 강철 야금술과 유기화학 기술에서 유럽이 앞섰다면, 일본인들은 담금질과 발효 기술의 전문가였습니다. 이 점은 아마도 오늘날 일본이 생물공학 분야를 선도하고 있는 이유를 설명해줄 수 있을 겁니다. 이제 문학으로 시선을 돌려봅시다. 《겐지 이야기》[2] 같은 미묘함과 심리적

---

2 [옮긴이] 《겐지 이야기》는 11세기에 여성 작가 무라사키 시키부紫式部가 쓴 장편소설이다. 헤이안 시대를 대표하는 작품으로 아와레 문학의 백미로 평가받는다. '아와레あはれ'란 쉽게 번역하기 힘든 말로, 어쩐지 슬프게 느껴지는 감정, 자연이나 인간 세상에 관한 무상한 느낌, 깊숙이 파고드는

깊이를 갖춘 작품은 유럽에서 18세기가 되어서야 나옵니다. 13세기 일본의 편년체 작가들이 보여준 서정적 비상과 애끓는 멜랑콜리를 유럽에서 만나려면 한 회상록의 저자, 그러니까 샤토브리앙François-René de Chateaubriand이 나타날 때까지 기다려야 합니다.

저는 첫 강연 때 유럽에서 이른바 '원시'예술에 대한 관심을 가진 건 한 세기가 채 되지 않았다고 말씀드린 바 있습니다. 일본에서 그와 유사한 관심은 16세기로 거슬러 올라갑니다. 한국 농민들이 일상에서 쓰던 소박한 작품이라 할 시골막사발을 일본의 탐미주의자들은 열렬히 좋아했습니다. 여기서 확인되는 것은 가공이 덜 된 원재료 느낌과 거친 질감, 또 제작 과정의 우연성이나 불규칙하고 비대칭적인 무늬에 대한 일본인 특유의 취향입니다. 고풍 양식의 위대한 이론가 야나기 무네요시柳宗悦가 "불완전의 예술"[3]이라 명명한 것이

정취와도 같은 복합적인 의미가 있다. 레비-스트로스는 벌레 울음소리처럼 각각이 동시에 여러 음역대를 내며 울림을 만들어내는 일본어 특유의 톤을 환기하여 《겐지 이야기》의 주조를 이루는 "모노노아와레もののあわれ" 정서를 헐벗음이 풍요로움이 되는 깊은 의미의 정서로 여러 저작에서 설명하고 있다.

3 [옮긴이] 레비-스트로스는 여기서 일본어 단어를 병기하지 않고, 그냥 프랑스어로 'art de l'imparfait'라고 했는데, 일본 다도에서 흔히 쓰는 '와비わび'라는 말을 연상할 수 있다. 아울러 소박하고 투박하며 조용한 상태를 가리키는 말이자, 일본의 전통적인 미적 개념인 '와비사비わび・さび/侘・寂'

바로 이것입니다. "불완전의 예술"은 처음 만든 사람의 의식적인 의도 없이 만들어지는 것입니다. 이는 일본의 라쿠야키[4]에 영향을 주었고, 라쿠야키의 대가인 혼아미 고에츠本阿弥光悦는 대담한 단순미를 발휘했습니다. 또한 다와라야 소타쓰俵屋宗達와 오가타 고린尾形光琳 같은 이들의 회화 예술과 장식 예술에도 영향을 주었습니다.

린파[5] 학파에 의해 저명해진 이 일본 예술의 측면이 제가 다시 말하고 싶은 점인데, 바로 이 측면이 19세기 후반 유럽 정신을 매혹시켰고 자기 예술의 미적 감수성 또한 발전시켰습니다. 이러한 유럽의 호기심은 점차 커져 '원시'예술까지 이르게 되었습니다. 그러나 서구가 이런 '원시'예술 열광에 이르게 된 것이 단순히 일본 예술 때문이라고 생각하면 오산입니다. 제가 인용한 일본 예술가들보다 몇 세기 전부터 서구에도 의고擬古주의에 비견될 만한 그들의 예술이 있었고, 바로 거기서 영감을 받고 교훈을 얻어서 그린 것이기도 합니다.

도 연상된다.

4 [옮긴이] '라쿠야키楽燒'는 일본의 전통적인 도기로서 주로 찻잔으로 쓰인다. 손으로 만들어 잿물을 입히지 않고 낮은 온도에서 구워 만든다.

5 [옮긴이] '린파琳派'는 17~18세기 일본의 야마토에大和繪 전통 기법에 중국의 수묵화 기법을 조화한 에도 시대의 독창적 화파이다. 대표적 화가로 다와라야 소타쓰, 오가타 고린이 있다.

사소한 예이지만 제게는 결정적인 예증으로 보이는 게 있습니다. 우리는 어떤 개념이나 취향이 일직선으로 앞으로 계속해서 나아간다고 생각하는 경향이 있지만, 대개는 원을 그리듯 순환하고 있을 뿐입니다. 무슨 말인가 하면, 출발점에서 앞으로 나아가는 것이 아니라 출발점에서 그냥 한 바퀴 돌아 대담하고 비약적인 진보를 이루는 식입니다.

더욱이 가장 주목해야 할 것이 조각조각 나뉘어 있는 것들이 아닙니다. 우리는 이런 것들을 너무나 상위에 두었습니다. 서양 문자는 페니키아인이 발명했다고 하고, 중국인은 종이·화약·나침반을, 인도인은 유리와 강철을 발명했다고들 합니다. 그렇지만 이런 요소들이 중요한 것이 아니라, 각 문화가 이것들을 조합하고 취하거나 버리는 방식이 더 중요합니다. 문화의 독창성은 어떤 문제들을 해결하는 방식에서 나옵니다. 대략 같은 것들에 대해 가치를 조망하는 방식이 다를 때 독창성이 나옵니다. 모든 인류는 다 각자 언어, 기술, 예술, 실증적 지식, 종교적 신앙, 사회적·정치적 조직을 가지고 있습니다. 그러나 그것을 어떻게 배합하느냐는 문화마다 다릅니다. 인류학은 분리된 사실들의 일람표를 만드는 것에 집중하는 것이 아니라, 이러한 선택들을 왜 하는지 그 숨겨진 이유를 이해하려고 노력하는 것입니다.

문화상대주의와 도덕적 가치 판단

제가 지금까지 대략적으로 소묘한 학설에 이름을 붙인다면, 문화상대주의 정도가 될지 모르겠습니다. 진보라는 현실을 부인하는 것도 아니고, 이런저런 양상을 띤 문화들을 비교해 정렬하는 것도 아닙니다. 문화상대주의는 제한적이나마 어떤 가능성이 있음에도 불구하고, 세 가지 한계를 갖는다는 것은 확실합니다.

첫째, 인류의 진보를 원근법, 그러니까 가령 1점 투시도법처럼 파악해보면 진보는 실제로 있다는 데 이론의 여지가 없지만, 사실상 진보는 특별한 분야에서만 나타나며, 게다가 국부적 침체와 퇴행을 배제하지 않는 불연속적인 방식으로 나타납니다.

둘째, 인류학자는 산업사회 이전의 사회들을 연구하며 특히 그 사회의 세부적인 요소들을 조사하고 비교하지만, 그 모든 사회들을 공통된 하나의 척도 위에 정렬하기 위한 기준을 끌어낼 수는 없습니다.

마지막으로, 인류학자는 이러저러한 종교 체계 혹은 사회 조직 형태에서 각각의 상대적 가치를 끌어내어 그 위에서 다시 지적인 혹은 도덕적인 판결을 할 수 없을뿐더러, 그것을 할 수 없다고 분명히 말하면서 시작합니다. 인류학자가 볼 때 사실상 도덕성이라는 기준은 하나의 가정으로서, 그 기준을 채택한 사회의 기능일 뿐입니다.

다른 문화와 비교하여 가치를 따지고, 판단을 부여해 도식화하는 것은 인류학자 스스로 반드시 금해야 합니다. 인류학자는 연구하는 민족들을 있는 그대로 존중할 뿐입니다. 근본적으로 각 문화는 다른 문화에 대해 있는 그대로 판단할 수 없습니다. 바로 그것이 문화입니다. 왜냐하면 문화는 그 자신으로부터 벗어날 수 없기 때문입니다. 그래서 어떤 평가를 해도 상대주의의 포로가 되며, 이를 벗어날 별다른 방도가 없습니다.

오늘날 인류학자가 제기하는 주요 문제들 가운데 하나는 다음과 같습니다. 약 한 세기 전부터 모든 사회가 차례로 서구 모델의 우위성을 인정하지 않았습니까? 전 세계가 점차적으로 기술, 삶의 방식, 의상, 심지어 오락마저도 모두 서구의 것을 빌려서 하고 있지 않습니까?

아시아의 소부족 무리들부터 남아메리카와 멜라네시아 정글의 사라진 부족에 이르기까지, 역사적으로 전례가 없는 만장일치로 이 문명 형태가 다른 모든 것보다 우세하다는 주장을 최근까지도 하고 있지 않습니까? 서구 문명이 자신을 의심하고 시작하고 있는 마당에, 이제 막 서구로부터 독립한 민족들이 서구 문명을 계속해서 권장하고 있는 것입니다. 적어도 그들 지도자의 입을 통해서는 말입니다. 그들은 심지어 인류학자를 비난하기도 합니다. 인류학자는 개발에 장애가 되는 과거 전통문화의 구태들에만 관심을 갖고 지속시키면서, 도리어 서구 식민지 지배를 영속화하려는 건 아닌가 하고 말입니다. 기억나는 일화가 하나 있습니다. 1981년 한국의 동료 교수와 학생 들과 동행하여 한국 이곳저곳을 탐방했습니다. 나중에 전해 듣기로는, 몇몇 학생들이 농담처럼 이런 말을 주고받았다고 합니다. "레비-스트로스 씨는 더 이상 존재하지 않는 것들에만 관심 있어." 인류학자가 단호하게 표현해야 한다고 믿을 만큼 도덕적 이점이 있긴 하지만, 문화상대주의라는 도그마는 이런 식으로 이의 제기될 수 있습니다.

이런 상황이 인류학 앞에 놓여 있고, 인류 전체에도 하나의 심각한 문제가 주어진 것입니다. 지금까지의 세 강연을 통해 제가 여러 차례 강조했지만, 지리적 거리와 언어적·문화적 장벽에 의해 분리되어 있던 집단들이 점차 하나로 섞임으로써 수십만 년 혹은 아마도 1~2백만 년 동안 지속되어왔던 세계는 이제 끝났습니다. 각자 집단을 이루어 서로 영구적으로 떨어져 살면서 생물학적·문화적으로 각자 다른 삶의 방식을 발전시켜온 세계는 이제 끝났다는 말입니다. 산업문명의 팽창과 수송 및 통신 수단의 급속한 발전으로 촉발된 동요로 이런 장벽들이 허물어졌습니다. 동시에 그 장벽이 제공하던 발전의 기회들은 사라졌고, 새로운 유전적 결합과 문화적 경험들이 생성되고 시험되고 있습니다.

다양성은 완전히 이루어지지 못해도 인간들 간의 평등과 박애가 세상을 지배하는 날을 다들 꿈꾸는지 모릅니다. 그러나 환상에 빠지면 안 됩니다. 위대한 창조적 시기에는 멀리 떨어져 있는 상대와의 소통만으로도 자극을 받기에 충분했습니다. 그러나 개인 또는 집단 간에 필수 불가결한 장애물이 약해지면, 교환이 너무 쉽게 이루어져 다양성이 사라지고 획일화됩니다.

진보하기 위해 인간은 서로 협조해야 합니다. 그런데 가진 것들이 다르므로 서로 협조를 할 수밖에 없고, 협조를 하는 중에 서로를 풍부하게 만들었던 애초의, 각각의, 일종의 출자분들이 서서히 같아집니다. 이것이 공통의 패입니다. 모든 진보는 이렇게 이루어집니다. 길거나 짧거나 어쨌든 만기의 날은 돌아오고, 각 선수들이 가진 자원들이 처음에는 달랐지만 서서히 다 같아지는 날이 오고야 마는 것입니다. 만일 다양성이 최초의 조건이라면 게임이 연장될수록 이길 기회는 그만큼 사라집니다.

인류학자의 눈에 현대 인류는 이런 딜레마에 빠져 있습니다. 인류가 하나의 세계 문명을 향해 가고 있는 것처럼 보이니까요. 그러나 이건 모순이지 않습니까? 제가 보여드리고 싶었던 것처럼, 문명이라는 개념은 수많은 다양성을 가진 문화들의 공존을 의미하고 또 그것을 요구하고 있으니까요.

일본이 오늘날 유럽이나 미국 사람들에게 매력적인 이유는 기술적 진보나 경제적 성공 때문만은 아닙니다. 그건 좀 뒤섞인 감정을 통해 설명될 수 있을 텐데요. 근대국가들 가운데 일본은 두 암초를 가장 잘 헤쳐나갈 수 있었습니다. 오늘날 20세기 인류를 집어삼키고 있는 모순을 극복할 수 있는 삶의 형식과 사유를 잘 벼리면서 말입니다.

일본은 세계 문명 속으로 결연히 들어왔습니다. 그러나 지금까지 일본의 그 특수한 성격을 공공연히 포기하지 않고도 그렇게 하고 있습니다. 메이지유신 시절에 일본은 문호를 개방했는데, 자신의 가치를 지키기 위해서는 기술적 수준에서 서양과 동등해져야 한다고 생각해서입니다. 그러나 이른바 저개발 민족들과는 다르게 외국 모델에 자신의 팔다리를 다 내맡기지는 않았습니다. 자기 영혼의 중심에서 순간 멀어졌지만, 이것은 다만 주변을 보호하면서 자기중심을 더 확실하게 잡기 위해서였습니다.

여러 세기 동안 일본은 두 태도 사이에서 균형을 유지해왔습니다. 때론 외부에 자신을 열고 재빨리 외부의 영향을 흡수하기도 했습니다. 때론 외국에서 온 것을 자기 것으로 소화하고 나아가 거기에 자신만의 인장을 남기기 위한 시간을 갖기 위해 자기 세계 안에 틀어박히기도 했습니다. 이런 두 행동

양식을 오가는 것은 일본의 놀라운 능력이라 할 것입니다. 국가적 신들을 섬기는 동시에 여러분이 "초대된 신들"이라 부르는 신들도 받아들입니다. 이런 것들은 여러분에게 분명 친숙한 것일 테니까 더 말씀 드리지는 않겠습니다. 저는 다만 몇 가지 예를 통해 서양 관찰자들이 일본을 볼 때 어떤 점에서 놀라는지 여러분이 더 잘 느끼고 알 수 있기를 바랐습니다.

저는 두 번째 강연에서 전통적인 노하우를 지키는 것이 절박하다는 것을 강조했습니다. 여러분은 이른바 "인간 국보人間国宝"라는 것을 만들어 이 문제를 해결하려고 하였습니다. 프랑스도 여러분의 이런 체계에서 직접적으로 영감을 받아 몇 가지 조치들을 실제로 준비하고 있습니다. 제가 이것을 말씀드린다고 해서 국가 기밀을 누설하는 건 아니겠지요?

여러분의 역사에서 볼 수 있는 또 다른 교훈이 있습니다. 이건 프랑스인에게는 특히 교훈적입니다. 이는 두 나라가 산업화 시대에 들어서는 다른 방식(심지어 정반대라고 할 수 있을)에서 기인합니다. 프랑스는 변호사와 관료 같은 부르주아지가 소농지라도 갖고 싶었던 소농민들과 연합하여 혁명을 했습니다. 혁명은 구시대의 특권들을 폐지하는 동시에 초기 자본주의를 억눌렀습니다. 반면에 일본은 근원으로 거슬러 올라가듯 메이지유신을 통해 다시 왕정복고가 이뤄졌습니다. 그것은 국민을 국가적 공동체 안에서 통합하려는 목적에서였습니다. 그러나 일본은 과거를 파괴하는 대신 축적하여 활용합니다. 전적으로 사용 가능한 인간 자원을 새로운 질서에 통합하여 활용하는 것입니다. 비판 정신이 있는 사람이라면 다 끝난 것을 가지고 뭔가 다시 해볼 마음의 여유는 생기지 않는 법입니다. 그런데 일본의 이런 상징적인 모습은 벼농사 이전의 시대까지 거슬러 올라갑니다. 이러한 정신은 다시 벼농사 시대에도 통합되고, 제국 시대에도, 산업사회에도 통합될 만큼 견고한 것이었습니다. 사상의 지층이 될 만큼 말입니다.

요컨대 우리 다른 서양인들이 일본에 던지는 시선이 우리에게 다시 확언시켜주는 것은 바로 다음과 같습니다. 각각의 개별적인 문화가 있고 전 인류가 만드는 문화 전체가 있을 때, 흐름에 따라 열 때는 열고 닫을 때는 닫는 기능을 통해 존속하고 번영할 수 있다는 것입니다. 어떤 때는 서로 안 맞을 수 있고, 또 어떤 때는 잘 맞아 공존할 수도 있습니다. 다른 문화와 차별성을 가지며 자기 문화의 독창성을 지키기 위해서는 자기 문화에만 충실할 필요도 있습니다. 전적으로든 부분적으로든 다른 가치들에 거의 귀를 막고서 아무 반응도 하지 않고 무심히 있어야 할 때도 있는 것입니다.

인류학이 일본에 어떤 것을 가르쳐줄 수 있을 것이라는 생각에서 저를 이 학회에 초청해주셨을 겁니다. 다시 한 번

감사드립니다. 이번이 일본 네 번째 방문이지만, 매번 올 때마다 이 점을 더욱 확신하게 됩니다. 일본에 올 때마다 점점더 많은 호기심과 공감과 흥미를 느끼게 되는 이유는 바로일본이 독특한 방식으로 현대인의 문제를 제기하고 그 해답을 제시해줌으로써 인류학에 어떤 가르침을 주고 있기 때문입니다.

저자에 대하여

클로드 레비-스트로스Claude Lévi-Strauss는 1908년 11월 28일에 벨기에 브뤼셀에서 태어났다. 1959~1982년 콜레주 드 프랑스의 사회인류학과 학과장을 지냈고, 1973년 아카데미프랑세즈의 회원이 됐다. 2009년 10월 30일 프랑스 파리에서 사망했다.

| 주요 저서 |

La Vie familiale et sociale des Indiens Nambikwara, Paris: Société des Américanistes, 1948.

Les Structures elementaires de la parente, Paris: PUF, 1949; La Haye-Paris: Mouton & Cie, 1967.

Race et histoire, Paris: Unesco, 1952; Paris: Denoël, 1967 ; Paris: Gallimard, 《Folio Essais》, n° 58 et 《Folioplus》, n° 104.

Tristes Tropiques, Paris: Plon, 1955; Pocket, 《Terres humaines》, n° 3009[박옥줄 옮김,《슬픈 열대》, 한길사, 1998].

Anthropologie structurale, Paris : Plon, 1958 ; Pocket, 《Agora》, n° 7 et n° 189, 2 vol.

Entretiens avec Claude Lévi-Strauss, by Georges Charbonnier, Paris : René Julliard et Librairie Plon, 1961[류재화 옮김, 《레비스트로스의 말》, 마음산책, 2016].

Le Totémisme aujourd'hui, Paris : PUF, 1962[류재화 옮김, 《오늘날의 토테미즘》, 문학과지성사, 2012].

La Pensée sauvage, Paris : Plon, 1962 ; Pocket, 《Agora》, n° 2[안정남 옮김, 《야생의 사고》, 한길사, 1996].

Mythologiques, 1. Le cru et le cuit, 1964[임봉길 옮김, 《신화학 1: 날 것과 익힌 것》, 한길사, 2005]; 2. *Du miel aux cendres*, 1967[임봉길 옮김, 《신화학 2: 꿀에서 재까지》, 한길사, 2008]; 3. *L'origine des manières de table*, 1968; 4. *L'homme nu*, 1971, Paris : Plon.

Anthropologie structurale II, Paris : Plon, 1973.

La Voie des masques, Genève : Editions Albert Skira, 2 vol., 1975 ; éd. revue, augmentée et suivie de *Trois Excursions*, Paris : Plon, 1979 ; Pocket, 《Agora》, n° 25.

Le Regard éloigné, Paris : Plon, 1983.

Paroles données, Paris : Plon, 1984.

La Potière jalouse, Paris : Plon, 1985 ; Pocket, 《Agora》, n° 28.

Histoire de lynx, Paris : Plon, 1991 ; Pocket, 《Agora》, n° 156.

Regarder écouter lire, Paris : Plon, 1993[류재화 옮김, 《보다 듣다 읽다: 레비스트로스 미학 강의》 개정판, 이매진, 2008].

OEuvres, Paris : Gallimard, 《La Bibliotheque de la Pleiade》, 2008.

L'autre face de la lune, Paris : édition du Seuil, 2011[류재화 옮김, 《달의 이면》, 문학과지성사, 2014].

옮긴이의 말

바다는 땅이 되고, 땅은 바다가 되며!
── 구조주의적 사유의 유레카

　요즘 공부를 하면 할수록 유년시절을 다시 만나는 것 같은, 아니 더 정확하게 말하면 유년시절 상상하곤 했던 어떤 사고와 유사한 패턴을 다시 만나는 것 같은 기분이 든다. 새로운 출구를 찾아 비상하여 완전히 새로운 세계에 진입한다기보다, 내게 가장 익숙한 세계로 다시 떨어지는 것 같은 기분 말이다. 결과적으로는 아무런 진보도 없는 제자리 선회일 수도 있지만, 내 안에서는 감성과 이성의 혼합물에 취한 채 일종의 초이성적인 쾌감을 맛보기도 한다. 지식은 연산적으로 더해지거나 빼지지만, 지식의 쾌감은 매번 같은 방식으로 온다. 다르지만 같은 것이 불쑥 환기됐을 때 지르는 유레카!

　이를테면 어린 시절 나는 비 갠 후 땅바닥에 고인 물웅덩이에 비친 하늘을 보며 그 웅덩이에 발을 들이미는 순간, 깊은 바닷속으로 추락하는 동시에 창공 속으로 비상할 것만 같은 동시성을 느꼈다. 오솔길에 심어진 나무와 꽃 들을 보면, 그 수많은 꽃송이들의 복잡한 분산과 조합의 덫 속에 갇혀 황홀해졌다. 관념적으로 하늘을 바다라고 비유하고 바다를 하늘이라고 비유하려는 것이 아니다. 전혀 다른 두 세계가 지극한 인접성 속에, 아니 그 완벽한 공시성共時性 속에 나를 가둬놓고 전율하게 하는 것이다. 꽃나무 한 그루의 형상이 아니라, 끝없이 미분되는 동시에 증식하는 것만 같은 그 기이한 조합과 질서에 사로잡히는 것이다.

오르세 미술관에서 도미니크 앵그르Jean-Auguste-Dominique Ingres의 그림들 맞은편에 들라크루아Eugène Delacroix의 그림이 있어야 하는, 아니 있을 수밖에 없는 이유를 나는 레비-스트로스의 에세이들을 번역하며 배우게 되었다. 전혀 다른 붓질의 미학을 보여준 이 두 명의 동시대인 화가는 바로 인접해 있으면서도 최고의 차이를 보여주고 있는 것이다. 레비-스트로스는 이 에세이에서 수학자 망델브로Benoit Mandelbrot의 프랙탈 이론을 구조주의적 시선으로 승화하여 한결 더 정교한 프랙탈적 미학을 성취해냈다. 레비-스트로스의 미학을 배우면서, 나는 내 유년시절 자연의 오브제들을 보면서 순간순간 황홀경을 느꼈던 이유를 깨달았다. 내 수준 안에서나마 보는 법의 비약적 성장을 거뒀다면, 바로 그때였다고 분명히 기억한다.

들라크루아의 붓 터치를, 베토벤Ludwig van Beethoven의 소나타를, 프루스트Marcel Proust의 콩브레의 종탑을, 이삭 모양들을, 브리오슈 빵들을, 또 산사나무 꽃들의 분산과 조합의 미학을, 우유 방울이 떨어지며 만드는 왕관 같은 그 모든 화학적 형상들을 통해 권력과 풍자 미학의 속성들을 끝없이 유추하는 일을 기꺼이 할 수 있는 이유를 찾았다고나 할까? 물론 '그래서? 그 다음은?'이라는 과제는 남는다. 그러나 그 기쁨을 도식의 응고제로 굳힐 이유는 없고, 이 기쁨 사이로 빗발치듯 다소 어긋난 새로운 기쁨을 찾는 일이 남아 있을 것이다.

클로드 레비-스트로스의 구조주의 방법론을 이해하기 위해서는 무엇보다 우선 '차이'가 아니라 '닮은 차이'를 이해할 필요가 있다. 가령 우리는 A와 B가 다르다는 것을 안다. 그런데 A가 A1, A2, A3 등으로 미분된다면 어떨까? A와 B의 차이만큼이나 혹은 그 이상으로 A와 A1이 다르게 느껴질 수 있다. 도와 솔의 차이보다 도와 가장 인접한 단음 도#의 차이가 청자에게 더 미묘하게 들릴 수 있다. 음과 음, 색채와 색채, 향과 향 사이. 이 미묘한 간격 혹은 어떤 미결정 상태의 뉘앙스는 연속과 불연속의 모순을 극복하게 해주는 '불변성'의 요소이면서 일종의 정동 효과, 즉 사람의 심금을 울리는 부드럽고도 강렬한 자극일 수 있는 것이다. 레비-스트로스는《오늘날의 토테미즘》이나《야생의 사고》,《신화학》시리즈 등에서 언어 체계 및 친족 체계, 또한 자연현상을 인식하는 사유 체계 등 여러 사례를 분석하면서 "유사성은 존재하지 않는다"고 말한다. 또한 "단지 유사성은 차이성의 또 다른 특수한 경우이며 차이성이 '영(0)'이 될 경우 유사성이 있을 뿐"이라고 말한다. 또한 "닮아 있지만 변별 종에 속하고, 다르지만 내적 상동성이 있다"고도 말한다. '차이'가 흥미로운 것은 단순히 달라서가 아니라 갈라지는 경계에서 무엇인가 새로운 기운과 원리가 생성되기 때문이다.

레비-스트로스는 구조주의 인류학이 갑자기 정초된 학문이라기보다, 기존의 철학과 역사학으로는 꿰뚫어볼 수 없는 것들을 꿰뚫어보기 위해 필요 불가결하게 고안된 일종의 방법론이라는 점을 강조한다. 《슬픈 열대》에서 "나는 어떻게 하여 인류학자가 되었는가"를 상술하는 중에, 레비-스트로스는 인류학이라는 학문에 입문하기 전 철학교수 자격시험을 준비하는 동안 기계적으로 훈련한 도식에 얼마나 절망했는지를 이렇게 우회적으로 말한다.

그 무렵에 나는 중대한 것이든 사소한 것이든 간에 모든 문제는 항상 동일한 어느 방법을 적용시킴으로써 처리될 수 있다는 것을 알기 시작했다. 그 방법이란 우선 어떤 문제에 관한 두 가지 전통적인 견해를 대치시켜놓는 것이다. 그러고는 상식으로 정당화시킨 첫 번째 견해를 도입한 뒤, 두 번째 견해로써 둘 다 파괴시키는 것이다. 다음에는 마지막으로 제3의 견해를 사용하여 앞서의 두 견해가 서로 등을 돌리게 해보면, 양자가 똑같이 부분적이라는 것이 드러나게 된다. 즉 첫째와 둘째의 견해는 용어상의 기교를 통해, 동일 실재의 상호 보충하는 두 측면으로 환원시킬 수 있기 때문이다. 예컨대 '형식'과 '내용', '용기'와 '내용물', '존재'와 '외견', '연속'과 '불연속', '본질'과 '실존' 등의 방식으로 말이다. 이러한 수련은 사고 대신에 말장난을 하는 일이며, 따라서 결국은 말에서의 문제로 그쳐버리고 만다. 그것은 용어 상호 간의 유음·동음·다의와 같은 것이며, 그것들은 차차 순전히 관념적인 보기를 만들어내는 데밖에는 도움이 되지 않으며, 훌륭한 철학 연구란 그것을 교묘히 이용하는 것이라는 결론이 내려지는 것이었다.[1]

우리는 흔히 두 언어 혹은 두 개념이나 두 세계를 대립항으로 놓고, 그것들을 비교하고 상호 조명하면서 수많은 '관념적 보기'들을 만들어낸다. 더불어 거기서 가치들을 파생시키며, 자신도 모르게 비교론자가 된다. 레비-스트로스가 인류

---

1 클로드 레비-스트로스 지음, 박옥줄 옮김, 《슬픈 열대》, 한길사, 1998, 161쪽.

학이라는 학문에서 가장 경계하고 있는 점이 바로 이것이다. 외적 차이만 본다면 비교 우열의 문화론이라는 함정에 빠지기 십상이다. 이 책에서도 다양한 예시를 들고 있지만, 일본 목수가 서양 목수와 반대 방향으로 톱과 대패를 사용하는 것에 주목하는 것이 인류학은 아니다. 또한 뗀석기와 간석기 등을 통해 전기, 중기, 후기 구석기시대 같은 식으로 역사를 단계별로 나누는 것은 역사학의 방법론이지 인류학의 방법론은 아니다. 레비-스트로스는 이런 구체적인 실체들은 사실상 상당히 오랜 기간 동안 공존하고 있거나 층위적으로 조합되어 있다고 볼 뿐이다. 기존의 역사학이 가진 맹점은 내적 진화 과정 속에 연속적으로 존재하고 있는 어떤 실체를 불연속적 단계로 나누고, 이어 진보라는 일종의 환상을 투영하여 연속성을 의식적으로 희구한다는 것이다.

인간은 진보한다는 믿음 아래 자연과 문명을 나누고, 원시인과 현대인을 나누는 상투적 관념성은 구조주의 방법론을 통해서 보면 완전히 무용한 것이 되고 만다. 인류학은 이 모든 차이의 다양성을 차라리 '공시적共時的'이라 본다. 우리 현대인에게도 원시인의 사고 체계가 분명히 있다. 빼어난 문학과 예술 작품에서 우리가 접하게 되는 고차원적인 비유와 상징체계가 그것이다.

우리는 마르셀 프루스트의 심리적 기제 하나 없이, 물질적인 것과 비물질적인 것, 그 모든 구분을 불사하고 광적으로 유사성을 찾아내는 병적이며 거의 신적인 정열을 잘 알고 있다. 가령 프루스트가 선언하듯이,《잃어버린 시간을 찾아서》에 등장하는 엘스티르라는 화가의 그림처럼 바다는 땅이 되고 땅은 바다가 되며, 도시는 바다를 표현하고 물은 도시를 표현하는 것이, 즉 같으면서도 또 다르게 느껴지는 작품이 위대한 작품일 수 있다. 프루스트의 묘사는 외부 세계를 재현하려 하거나 임의로 택한 사물들을 영화적 기법처럼 연속적으로 배열하는 차원이 아니다. 아무런 연관성 없이 무심하게 놓여 있는 외계의 사물들을 끝없이 열거하면서도 한 작가의 영혼을 움켜쥐고 있던 그 무엇을 불현듯 계시하는 일이다.

레비-스트로스가《오늘날의 토테미즘》이나《야생의 사고》에서 제시하고 있지만, 상징적 사고란 'A=B'라고 인식하는 일이라기보다 'A:B'로 인식하는 일일 수 있다. '토테미즘totemism' 개념의 기원이 된 오지브와족의 단어 '오토테만ototeman'은 "곰은 내 부족이다"라는 뜻인데, 이를 '곰=내 부족'이라 이해할 수도 있고 '곰:내 부족'이라 이해할 수도 있다. 전통적인 인류학이 전자, 즉 등치나 대등의 서술 구조로 파악하여 "곰은 내 부족이다"라 믿는 미신적인 미개인의 사고방식으로 이해했다면, 레비-스트로스의 구조주의 인류학은 후자, 즉 대체나 치환이 가능한 계열축으로 파악하여 원시인의 상징적 사고 체계를 간파해냈다. 먹을 수 있는 동물이 신성한 토템이 된다면 그것은 긍정성의 확대이고, 먹을 수 없는 동물이 신성한 토템이 된다면 부정성의 확대이다. 비교론자의 관점에서는 이 긍정성과 부정성이 대립되어 보이겠지만, 구조주의자에게는 각자의 '내적 원리logique interne'만이 관심 대상이다.

"격렬한 폭포가 흐르는 산과 모양이 유사한 문어는 촉수처럼 인식되고 같은 이유로 태양의 광선"[2]처럼 인식된다면, 이는 전혀 다른 세계와 자연의 만물이 다자 속의 일자처럼 이해되는 순간이다. 레비-스트로스는 자신의 구조주의 방법론이 수시로 변하는 현상 뒤에 숨은 어떤 근본인 '내적 원리'를 탐색하는 작업이라고 이 강의록에서 여러 차례 강조한다. 그런데 자연의 다양성을 보면서도 다양성 자체를 그대로 사고하기는 결코 쉽지 않은 일이다. 특히나 거의 기계적으로 내 대상 앞의 사물을 분류하고 범주화하는 일에 익숙한 현대 문명인들에게는 더더욱 힘든 일이다. 원시인의 감각적이고 지성적인 사고는 "막을 내리지 않고 하는 무대 전환"[3]처럼 모든

---

2 클로드 레비-스트로스 지음, 류재화 옮김, 《오늘날의 토테미즘》, 문학과지성사, 2012, 45쪽.

3 앞의 책, 47쪽.

패를 다 펼쳐놓는 차원에서 이뤄지면서 그저 '제시할présenter' 뿐 '재현하거나 표상하지représenter' 않는다.

　레비-스트로스는 특히나 이 책에서 현대사회 문명이 다양성을 얼마나 단일한 획일성으로 표준화하며 세상을 균질한 것으로 만드는지, 그리고 그것을 진보라고 믿는지 비판한다. 뉴기니의 원주민들은 서양의 선교사를 통해 축구를 배웠지만 게임을 하는 방식은 다르다. 둘 중 한쪽이 승리하여 경기가 완결되는 방식을 택하는 것이 아니라, 경기를 계속 되풀이하여 더 이상 패자가 없다는 확신이 들 때 경기를 끝내는 것이다. 이것은 현대 민주사회의 의사 결정 과정을 성찰하게 만든다. 현대 민주사회에서는 보편적 의지와 공동의 대의를 구현하기 위한 수단으로 투표 제도를 택하고 있는데, 흔히 다수결의 원칙에 따라 최종 결정이 된 이상 무조건 따라야 한다는 논리가 암묵적으로 지배하고 있다. 그런데 원주민들의 이 희한한 게임 방식에서, 최종 결정에 이르기 위해 우선 사전에 만장일치 상태를 만드는 그 복잡하고 인내력 깊은 지난한 과정을 엿볼 수 있다. 마치 최종적으로 응축된 점은 그 상태로 귀결되기 이전 이미 수많은 내적 분열과 파열, 또 조합이라는 고난한 생과 사의 과정을 거쳐왔다는 듯이. 세상의 만물과 만사는 모두 이런 자신의 내적 논리와 상황 속에서 지금 현재의 모습 그대로 최적의 상태로 존재하고 있는 중인지 모른다. 큰 것은 큰 것대로, 작은 것은 작은 것대로, 뜨거운 것은 뜨거운 것대로, 차가운 것은 차가운 것대로. 원시인의 세계는 원시인의 세계대로, 문명인의 세계는 문명인의 세계대로. 현대사회에서 차이가, '닮은 차이'가 더 긴요하게 요구되는 이유를 레비-스트로스는 가령 이런 말로 의미심장하게 전하고 있다.

다양성은 완전히 이루어지지 못해도 인간들 간의 평등과 박애가 세상을 지배하는 날을 다들 꿈꾸는지 모릅니다. 그러나 환상에 빠지면 안 됩니다. 위대한 창조적 시기에는 멀리 떨어져 있는 상대와의 소통만으로도 자극을 받기에 충분했습니다. 그러나 개인 또는 집단 간에 필수 불가결한 장애물이 약해지면, 교환이 너무 쉽게 이루어져 다양성이 사라지고 획일화됩니다.[4]

---

4 클로드 레비-스트로스, 이 책, 140쪽.

찾아보기

옮긴이 류재화

고려대학교 불어불문학과를 졸업하고 파리 소르본누벨대학에서 파스칼 키
냐르 연구로 문학박사 학위를 받았다. 옮긴 책으로는 클로드 레비-스트로
스의 《레비스트로스의 말》《보다 듣다 읽다》《오늘날의 토테미즘》《달의 이
면》, 파스칼 키냐르의 《심연들》《세상의 모든 아침》, 라파예트 부인의 《클레
브 공작부인》, 다니엘 아라스의 《서양미술사의 재발견》, 조에 부스케의 《달
몰이》, 뮈리엘 바르베리의 《고슴도치의 우아함》, 에릭 엠마뉴엘 슈미트의
《검은 기쁨》, 츠베탕 토도로프의 《고야, 계몽주의의 그늘에서》 등이 있다.

레비-스트로스의 인류학 강의

1판 1쇄 발행 2018년 2월 20일
1판 3쇄 발행 2020년 6월 30일

지은이 클로드 레비-스트로스 | 옮긴이 류재화
펴낸곳 (주)문예출판사 | 펴낸이 전준배
출판등록 1966. 12. 2. 제 1-134호
주소 03992 서울시 마포구 월드컵북로 6길 30
전화 393-5681 | 팩스 393-5685
홈페이지 www.moonye.com | 블로그 blog.naver.com/imoonye
페이스북 www.facebook.com/moonyepublishing | 이메일 info@moonye.com

ISBN 978-89-310-1076-3 03300

이 도서의 국립중앙도서관 출판시도서목록(CIP)은 서지정보유통지원시스템
(http://seoji.nl.go.kr)과 국가자료공동목록시스템(http://www.nl.go.kr/kolisnet)에서
이용하실 수 있습니다. (CIP제어번호 CIP2018002127)